谁叫你是名人？

王石◎著

WUHAN UNIVERSITY PRESS
武汉大学出版社

图书在版编目(CIP)数据

谁叫你是名人/王石著. —武汉：武汉大学出版社,2010.7
ISBN 978-7-307-07860-4

Ⅰ.谁…　Ⅱ.王…　Ⅲ.名人—思想评论—世界—文集
Ⅳ.K811-53

中国版本图书馆 CIP 数据核字(2010)第 102417 号

责任编辑:郭园园　　　责任校对:刘　欣

出版发行：武汉大学出版社　（430072　武昌　珞珈山）
（电子邮件：cbs22@whu.edu.cn　网址：www.wdp.com.cn）
印刷:武汉中科兴业印务有限公司
开本：880×1230　1/32　　印张:10.875　字数:211 千字
版次:2010 年 7 月第 1 版　　2010 年 7 月第 1 次印刷
ISBN 978-7-307-07860-4/K·456　　定价:25.00 元

目录

第三辑：悖离与融合

王石：谁是王石？（序一）

——说说我与我知道的几位同名者

◎ 王石

几个王石各行其是，究竟谁，才是终结者……

1

28岁以前，我一直以为我是唯一叫王石的。

绝大多数人的名字都是爸妈给的，我也不例外。

说起来，名字是一个符号。可是，谁都希望这符号是独有的和唯一的。一个人最好只对应一个特殊的符号，谁也不愿意有同名者来利益均沾。

2

在28岁那一年，我自以为的唯一纪录被打破了。当时中国青年报的副总编辑（几年后升为总编），竟然和我同名！

这是我知道的第一位同名者，是我至今遇到的年龄最大的一位同名者。

此人不仅是厅局级干部，同时还是《为了六十一个阶级兄弟》的作者。

1960年，27岁的他采访了一个轰动全国的突发事件，用当时少见的时空交错、蒙太奇组合的结构方式写下的这篇新闻通讯，曾被排成话剧，拍成电影，连续40年被选进中学语文教材，同时还收入多种全国新闻作品或报告文学选本——是当代新闻史上的一篇传世之作了。

由于同名，由于与我家人同事，他偶尔也会打趣似地问到我。

大约是1996年，我让家人带了本我的小说集，交给已退休的他。

在扉页上，我用分行形式，随手写了一段话：

此亦一王石，

彼亦一王石，

此王石不识彼王石，

彼王石也未遇此王石，

王石见王石，

不亦乐乎？

老人收到书，哈哈大笑，渐次，有了书信往还。

一次通信中，我们说到全国的同名者，已知的和听说的，全国各地有好几位，彼此知名不知面，设若找个机缘聚聚，见识见识，在聚会上，大家用一个名字彼此呼唤，彼此应答，想想还是挺有意思的。老人建议我来张罗，促成一次同名者的聚会。

我平生喜静不喜闹，想到搜罗人选、邀请发帖等等一大堆琐事就麻头。

于是转嫁危机，给深圳万科的同名者寄了一信。

3

记得好像是1996年，我方知深圳万科房地产的老板与我同名。

而且，这位万科同名者的名声，是与日俱增。

全国许多大城市，都可见到万科跑马圈地的巨幅招贴。在一个商业崛起和消费攀升的社会，有成就的企业家，自然是时代新宠。

比较不同的是，这位房地产大佬喜好登山，2003年5月，竟然亲自爬上了世界最高的珠穆朗玛峰。这就明显地比那些只会在高尔夫球场挥金如土的财主们高出一筹。

网上一篇文章是这样评价他的：……他拥有呼风唤雨的话语权，一个“拐点论”，甚至比国家调控政策更能使市场恐慌，他俨然已经成为中国房地产的“教父”。

他也写书，书名挺吓人：《生命在高处》、《道路与梦想》等。所写多与创业或登山相关。

2008年，因为汶川地震引发的捐款门事件，他遭到前所未有的抨击。

网上有篇署名王朔的文章，结尾如此开导他：

以后少写点东西，你水平和修养都太低了！别以为自己是个什么高级知识分子，你就是一个运气比较好的房地产开发商！好好建房子，建好房子，才是你现在最重要的事！少花点工夫和网友们较劲了！拜托！

已经五十开外的王朔，仍然不减“谁红跟谁急”的愤青意气。

想想也是，一个人在创业、运动、写作、水平和修养等等方面，要样样全能，行行领先，可能吗？

别说样样了，就是创业这一样，房地产做出来了，换个行当，不定就一塌胡涂。

我前面说过写信的事，万科的同名者不久就回信了，话有点绕口，大意说，同名不必就要相聚，相聚也不必就一定要是同名（未留原信，无法照录原文，只记得大意如此）。

想想，人家也忙，应酬必定很多，哪有闲空做这等既无效益又破财的事情。

我当即驰函京华，回告了老人。老人倒也看得开，回话说，那就算了吧。这好像是1997年的事。

老人于2004年11月逝世，是唯一一位在报社辞世的总编辑（他的前任，都在中央部委任职后退休）。他的灵堂设在报社一间不大的房间里。悼念者全是自发地缅怀。每位员工上班时，都要先到这里来，深鞠三躬。报社内部网络上，悼文也如漫天的雪片倾泻。

11月23日，《中国青年报》一版刊出讣告，称他为“杰出的中国青年报人”。

一家杂志把北京中国青年报(图左上方)与深圳万科（图左下方）的两个同名者照片放在一处，让两个未曾谋面的人，在同一张纸上会晤了一次。

一位资深报人在接受采访时说："他代表了报纸的一个时代。"

在大陆知识界，有句被引用烂熟的胡适晚年名言：容忍比自由更重要。可能不知，在中国大陆报界高层领导中，他堪称这句名言的不多的践行者之一。

多位他当年的下属，都能回忆起因与他的意见不同，为稿件与他争论甚至怒吼的经历。这位报社高层领导，竟能以多数中国人难以置信的宽容胸怀与心智，倾听部下的真话，哪怕"态度恶劣"。

4

一个名字用了几十年，遇到同名者也有几位了。

我住武昌水果湖时，一次到省直医院，有个护士看到我的名字说，他们院长也叫这名字。

还有，20世纪90年代初，电视连续剧《渴望》轰动全国。每集结尾，字幕快速上升，编剧名单中，也看到一位同名者。在后来的一个专访中，才知，这个同名者，是北京解放军艺术学院的老师。

还有，一次很偶然地看到文化部部长王蒙的访谈，说到他有个儿子学计算机的，在美国供职，也是同名者。

其实，最怕的，是同行中冒出个同名者。

比如我，写作也有些年头了。从1977年在《人民文学》发表第一篇小说起，至今在全国不少刊物（如《当代》《收获》《人民文学》《上海文学》《读书》《文学自由谈》等）都发表过东西。虽然没什么大名，有时也不免会想，若出现一个同名者，也在写作和发表一些文学作品，肯定会有一些需要我不断解释或来不及解释的误会。

那真是一件既麻烦又无可奈何的事情。

还不单是我一人有这样的小心眼。

河南作家李准，出名早，其名在文艺界一直是独步天下无二人。不料，到20世纪80年代末，中宣部冒出个写文艺理论与文艺评论的，也叫李准。

很多人以为老作家开始写评论了。李准不愿沾光，也不愿为人所误，于是，主动改用繁体：準。

还有，北京作家张洁。这个名字比较多，要命的是，一个年轻的女张洁也写作，杂志社往往误以为是名作家张洁的稿子来了，发了还寄稿费给她。

张洁曾公开撰文与年轻的同名者商量规避之策，也没结果。只有继续荣辱与共。

上述二位都是茅盾文学奖获得者。

这是同名的无奈。

5

我以为，当一个名字，出现了一个传世的伟人或者坏蛋，这个名字就算被叫完了，不会再有同名者了。

像诸葛亮、李白、孙中山、毛泽东、秦桧、陈世美等等，再有人以同名相许，无异于自取其辱。所谓赢家通吃，就是这个道理。

王石这个名字，似乎还远未穷尽。

有人跟我开玩笑说，叫王石的都是名人啊。

一想，大大小小的同名者好像也出了几个，至少目前，还未出现终结者。

那就等着吧，等一个划时代的传世的同名者出现，来为这个名字作最后的了结。

会有终结者出现吗？

若有，谁会是终结者？

突然想到沈从文《边城》结尾的一句话，大意是：这个人也许明天来，也许永远不会来了。

我当然愿意是后一种结果。

契诃夫说，大狗要叫，小狗也要叫，就让大大小小的狗一起叫吧。

——也许，这才更像一个众声喧哗的、多元化时代。

王石答问（序二）

这个答问，是两次访谈的汇辑，部分地反映了我的美学趣味和叙事策略。

1. 请简单谈一下你个人的写作经历。

答：长得有点让我不好意思。新时期文学之初在《人民文学》发表第一篇小说。可惜的是，当时年纪小，没读什么书，不知道有一个张爱玲，更不知道这位名人说过出名趁早这样的话，所以不知抓住机会的重要性，不然，我的写作经历早为全中国人民知晓了，用不着我现在亲自出马，絮絮叨叨地来说自己的创作经历，真是惭愧得很。

2. 能谈谈这本书吗?

答：书在这儿，还有什么比白纸黑字更有说服力吗? 随便浏览一两篇吧，不喜欢，可随手弃之。

3. 哦，这么自信?

答：不是自信。我看别人的书，看世界名著，也这样。

4. 这本书中，你用带刺的笔写了一些名人，名人大多高高在上，你这么写，凭的是勇敢吗?

答：不是。永远记住一句话：人无完人。名人比一般人更具个性，缺点也就更明显。实际上名人高高在上，那是因为追随者都跪着，不妨站起来试试!

5. 你如何看待散文随笔的写作?

答：诗人余光中说，散文是作家的身份证。小说家昆德拉说，只有散文才是生活的真实面孔。个人以为，散文或随笔，最见写作者的性情，在这里，一切伪装都解除了，作家的素质、修养、见识，都暴露无遗。从这个意义上说，写散文就是写境界。

6. 对中国的传统文化如何看待?

答：从现实的利益度量，糟粕多于精华；从长计议，人类最后的通道若是人与自然的融合，则精华多于糟粕。

7. 你对“革命”这个词如何看待?

答：一个让我们的许多前辈为之热血沸腾并为之献身的绝妙好词。至今，呼喊这个口号的人，比讲改良、讲循序渐进、讲秩序、讲科学，要理直气壮得多。这好像也是中国特色了。

8. 你认为什么人是“知识分子”？

答：有一种理解，认为只有从事社会科学工作或直接对现实社会发言的人，才算知识分子。这就把从事自然科学的人排斥在外。这种说法至少不够厚道。我以为，知识分子只是一个阶层，指的是那些具备了高等文化水准（不是学历），同时又有文明教养的人群。如此而已。捷克曾经的总统哈维尔认为，真正值得信赖的知识分子总是宽容而虚心，他们承认世界的神秘本质，深感自己的渺小无知，却又秉承人类的良心，关注着社会上一切美好的事物。说得好极了。

9. 你认为写作的精神是什么?

答：写作的精神，首先应该是一种自由的精神。同时我也觉得写作者当下遇到某些困境和局限，也并非全是坏事，因为，所谓的飞跃和升腾，正是对困境和局限的突破。

10. 问一个较敏感的问题，你对“性爱”这个词如何看待?

答：正是性爱，引领亚当和夏娃走出了伊甸园，开创了世俗人生。没有性爱，人不可能活得如此地有滋有味。

11. 你喜欢吃喝嫖赌吗？

答：喜欢吃与喝，不喜欢嫖，不讨厌赌。

第一辑

碰撞与沉浮

李银河
用超前的性观念与强大的现实博弈

●她也许是在为大众自己的权利说话，可是，不领情的，恰恰是大众……

● 篇首附识

为多边恋和一夜情等等性行为正名，李银河的公开讲座，一次次引发了轩然大波。——也许，李银河并没有说错，她讲的只是一些性观念的常识。只是，那是西方人的常识。——她讲这些，她觉着是在为大众自己的权利说话，可是，不领情的，恰恰是大众，他们认为，她败坏了既定的道德规范和婚恋风俗。——个人以为，李银河需要反思的，不是她传播的理论或观念的正确性，而是作为一个向社会大众开讲座的学者，要考虑内容及其讲述方式的可通过性与可接受性。——毕竟，过去的30年，中国大众的性观念，好似爬墙摸壁，移动缓慢，却迂回着一点点地往前走。人类就是这样，几乎没有一次进步不附带损失和困扰，没有一次变迁不承担代价和疼痛。

1

先看一个记者写在访谈前面的介绍文字：

李银河，中国社科院社会学所研究员，家庭与性别研究室主任，博士生导师，社会学所学术委员会委员。1988年毕业于美国匹兹堡大学，获博士学位。主要研究领域：妇女社会学、家庭社会学、性别研究、性社会学。她另一个广为人知的身份是已故著名作家王小波的妻子。

这个介绍中最后一笔，与学术简历无关，注明是“广为人知的身份”，似乎其他几项，知名度都不及这一个广为人知。

这样的介绍，是否让李银河满意？

2

李银河早在20世纪80年代就是留美博士，她有着自己的学术天地和个性，应该无需靠逝去的丈夫来增添光环。

当然也不必否认，李银河最初进入公众的视线，成为引人注目的人物，是在王小波的一系列善后事件中。

近几年，情形发生了改变。

因为性问题而频频出镜的李银河，已经成为当下最招惹事非的性学家或社会学家（虽然她本人并不想去招惹事非，这也绝非她的初衷）。

李银河的许多讲座和言论备受争议，甚至有些媒体把她当

报纸上刊载的李银河讲座的广告。

做娱乐人物在炒作，而不是把她作为严肃的学者来对待。

请看一家对开报纸，用了几乎三分之一的大版面，刊登了一份李银河讲座的招贴，招贴广告以醒豁的大字体写道——

引题：中国最具争议的性学专家再度站上风口浪尖

主题：李银河讲述艳照门背后的法律思考

下面还有一行小字：像暮年的法国大哲福柯一样，李银河的每一次讲座、每一种言论，都可能引发出新闻。她竭心尽力维护的与性、与幸福、与正当的权利相关的观念，总是引起强烈争论，但在今天的我们看来，多半已是耳熟能详的常识了。李银河将又一次站在未来的高度上，透过“艳照门”事件，为我们折射其背后的法律思考，从而“不让社会这么愚蠢”。

主办方制作的招贴文字，兼顾了求知者的理性饥渴和一般人的好奇心理，有着难以抵御的诱惑力和煽动性。

毋庸置疑，商业与学问，经过市场经济的长期勾兑，已经达到水乳交融的境界，以至于我们很难分清或甄别，这样的讲座，究竟是一次让人受益的情操陶冶，还是一次暗渡陈仓的营销圈套？

也许，现代中国人的新知识启蒙，正是在这样的商业运作中，一点点地吸收，渐次地缓缓地完成。

也许，这也是一种中国特色哩。

想想我们的普法，不正是经过许多看来可笑的有奖答题，经过许多幼稚的自上而下的宣传灌输，到现在，百姓也终于知道，政府必须为百姓办事、领导人的公权必须受到制约这样一些法理，并且还能在实践中运用吗？

如此，也就不必太在意某些搀和着牟利动机的普及性文化讲座了。

3

李银河第一次引起广泛争议，是在2006年7月21日。

江苏电视台举办一个七夕东方情人节的活动，邀请李银河到南京新街口国际影城作一个关于爱情的讲座。

李银河的大部分著述，标题中都少不得一个性字。这次命题为爱情的讲座，仍然引渡到性问题上去了。

比如婚外恋和一夜情，不论是我们的主流意识，抑或我们的社会舆论，还是我们的社区墙报，从来都认为那是妨碍和破坏家庭幸福的毒瘤，是制造和走向离婚的祸根，是见光死的不道德作为。

李银河在面向大众的演讲现场，说了一番语惊四座的话：

任何人都有和除了配偶之外的第三人发生性关系的权利。婚外情是错误的，只是因为它违反了婚姻法。至于一夜情，只要是单身，不仅有这个权利，在道德上也完全没有问题。所以对于一夜情的人，我给他们的建议，只是做好防护措施，防止得病。

好家伙，一位学者，一位来自中国社科院的北京学者，一位有着留美博士学历的高等学者，她，还是一位女性，竟然在大庭广众之中，在众目睽睽之下，讲出了这样一番话。

在场的多数人，大约都头皮发麻、心跳加快，怀疑自己是否听错了，或者怀疑是否置身于中国大陆？

即使是时过境迁，议论已经大致平息，我读到这段话，仍然会有种触目惊心的感觉。

李银河在南京的现场遭遇，据媒体报道的情形来看，差不多陷入了四面楚歌。

当地《金陵晚报》的标题就是：

《社会学家李银河憧憬多边恋为一夜情正名惹众怒》。

除了前面列举的一段话之外，不妨再摘引几段记者的现场报道：

——李银河对于“多边恋”、“一夜情”、“乱伦”等敏感问题所持的态度，前卫得令现场很多观众瞠目结舌。最后，几位老人实在听不下去，激动得站起来和李银河唱起“对台戏”，观众也有许多异议。

——如此一番前卫大胆的话……现场有观众提意见了。他们早就对“递小纸条”不满，现在要站起来向李银河直接发问。李银河有些尴尬地笑笑，同意了。

——当有观众提到“虐恋”这样敏感的话题，李银河竟然毫无顾忌地大谈起来。她说，国外有所谓的“虐恋俱乐部”，只要他们高兴，可以多个人聚在一起发生性行为。接着，李银河把话题转移到国内，放出惊人之语：“中国的‘聚众淫乱法’早就应该改了。我认为，开淫乱Party之类的，只要是出于自愿，就不违法。”

——现场有些观众问的问题越来越“敏感”，李银河的回答也越来越让人吃惊。说到“乱伦”的话题，李银河说：“禁止乱伦最初只是从遗传角度上来考虑，防止人种的退化。乱伦是不涉及道德方面的问题的。在我看来，表兄表妹只要承诺他们不生育，

李银河讲座上，就一瓶水，衣着也朴素。

完全可以让他们结合。”

——现场有位老太太实在听不下去了，她激动得站起身来大声反驳：“我来说几句，我来说几句。我觉得还是一夫一妻制有利于社会的发展。人还是要保守一点好！”老太太一席话引来了现场的一片掌声，许许多多人用称道的交流语言，表达对前卫主讲人观点的反对。后排一个老大爷也坐不住了，站起来转过身去对观众说：“女孩子们，给我把笔拿出来记我说的话！爱情，自己要好好地把握。不能态度太随便。”遭到“炮轰”，台上的李银河表情明显很尴尬……

记者的倾向性十分明显。

这篇报道，从内容到描述，从用词和倾向，都没有遵从新闻的客观原则。

看来，不仅是现场男女老少的听众不能接受，即使是舆论先导的媒体，即使是惯于哗众炒作的市民小报，所持的立场和趣味，都不在李银河这一边。

4

也许，李银河并没有说错。她讲的只是一些性观念的常识。

只是，那是西方人的常识。

没错，人生而自由。人的权利也应是与生俱来。

但是，在各国历史的血与火的纠缠中，人的自由和权利，先是一步步地丧失掉，然后是，当他们意识到这一点之后，开始一步步地把失去的再夺回来。

人的性权利也如是。

就说一夜情，李银河明明解说的是单身者，也就是处于婚前或未婚状态的人，他们的性行为是否有罪或有错，是否有违道德规范?

别弄错了，她说的是婚前性行为。

禁绝婚前性行为，意味着回到过去，回到一个伪善与可憎的时代。

历史可以不前进，但不能倒退。

欧洲中世纪，禁欲主义的贞节观大行其道。人欲被彻底禁绝，某些有此嗜好的男女，不仅会遭受鞭笞棍击，甚至切除器官。由此萌生贞节工业，批量生产贞操带、贞操锁、贞操裤，用以防患于未然。

那个时代，如果女人把性视为肉欲，即使她什么都没做，也就失去了贞操。假如男人悄悄说一句：自慰是私人的事，与道德无关，就会被乱棍打死。

中国的情形更不堪。

欧洲的禁欲，针对的是所有男人和女人。中国的禁欲，与之不同之处在于，仅限定为女性。

中国从来是只限定女人。

中国的所谓禁欲，所谓贞节，几乎全由弱者的女性来承受。

男人淫乱，至多只是失德，没什么大不了的。女性则是饿死事小、失节事大。即使宗族家法不以巨石沉塘的大刑惩治，也会有汪洋一般的口水，以灭顶之势将其彻底湮没。

鲁迅在1918年的《新青年》杂志上撰文道：

社会的公意，向来以为贞淫与否，全在女性。男子虽然诱惑了女人，却不负责任。譬如甲男引诱乙女，乙女不允，便是贞节，死

《虐恋亚文化》一书封面。为性社会学系列丛书之一种。这本书，主要例证来自国外。

了，便是烈；甲男并无恶名，社会可算淳古。倘若乙女允了，便是失节；甲男也无恶名，可是世风被乙女败坏了！别的事情，也是如此。所以历史上亡国败家的原因，每每归咎女子。糊糊涂涂的代担全体的罪恶，已经三千多年了。

鲁迅说得真好，真是好。

时间至21世纪初叶，中国大陆每有腐败的贪官落马，仍然会有女人是祸水的腹诽如影随形。有的地方纪委，专门跟官员太太们办班，进行防腐教育。还被当做先进经验交流哩。

还有，坊间流行的“旺夫相”则更绝。想想吧，这世上，事业成功的男人总是少数。而平凡的大多数，都难免会在商战和职场中，程度不同地品尝到失利和挫败的滋味。可叹乎？可恼乎？反思乎？自责乎？全不用。这绝不是男人不努力，更不是男人没本事。究其原因，很简单，就一条，罪魁祸首与万恶之源，没别的，还是——女人。她的长相出了问题。她不旺夫嘛。

怪谁？谁让她们是女人！

中国改革开放以降，大众的性观念发生了较大的变化。

李银河一篇调查文章中所说：

从1976年到2006年这30年间，性文化的变迁，是我国社会变迁中的一个重要方面……所有的性活动中，婚前性活动，在世界各国——包括我国在内的变化，是最大的。如果说我们的社会发生了性革命，那么其中最主要的指标，就是婚前性行为的增加。

这不仅是一个变迁，而且应是一个突破或进步。

禁绝婚前性行为，最后的结果，只有一个通道或走向，就是重返贞节时代（如果不立法，则会在观念和舆论上重返）。

这种重返，实质上，就是倒退到鲁迅说的“三千多年”中去了。

诚然，婚前性行为的放开与增加，也制造了许多难以摆脱的麻烦和混乱。就好比有了汽车和飞机，带来了四通八达的速度，同时也带来触目惊心的车祸和空难。

两害相权取其轻，两利相权取其重。

人类就是这样，在伤害与发展中左冲右突，在放弃与选择中踌躇前行。几乎没有一次进步不附带损失和困扰，没有一次变迁不承担代价和疼痛。

毕竟，过去的30年，中国大众的性观念，好似爬墙摸壁，虽移动缓慢，却是一点点地迂回着往前走。

不过，个人以为，这种变化，既是知识分子和文化精英的倡导所致，也是改革开放和经济发展的附属产品。

说这话，并非否认前者的丰功伟绩，而是想说，后者才是原推动力。

所谓饱暖思淫逸，也是这个意思。

催熟的果实，终究是营养不良的低质产品。瓜熟蒂落，才是自然馈赠的美满丰收。

李银河在回顾南京之行时写道：

这次被小报记者歪曲报道的事使我深思。那么多人的歇斯底里说明了什么？大多数人心中都有一个克服不掉的隐秘欲望，那就是性。它从青春期开始出现，一直阴魂不散，让无数人感到惊恐不安，手足无措。压抑是文明不得不付的代价。没有压抑人就无法相处。但是我坚信，一个比较合理的社会是一个压抑较少的社会；一个不合理的社会是一个压抑较多的社会……中国人哪，我在为你们各种各样隐秘的欲望辩护啊。

《同性恋亚文化》一书封面。为性社会学系列丛书之一种。同性恋在中国还是禁忌，作为研究，例证也多采自国外。

李银河觉着，她是在为普通的中国人争权利，是在为大众自己的权利说话。

可是，不领情的，恰恰是大众，恰恰是这些普通的中国人。他们认为，她败坏了既定的道德规范和婚恋风俗。

李银河的良苦用心，无法与之对接。

她有一种恨铁不成钢的委屈。是啊，他们为何就不领情呢？

为什么会这样？

5

个人以为，李银河需要反思的，可能不是她传播的理念的正确性，而是作为一个向社会大众开讲座的学者，要考虑内容及其讲述方式的可通过性与可接受性。

否则，身陷四面楚歌，她还浑然不觉，还在顾影自怜，为自己的不幸遭遇抱屈。

大致浏览李银河的讲座和文章内容，就会发现，她在推介一些性观念时，她在进行讲述和辩驳时，她的举例和引语，几乎全是来自于西方世界。

可试看几例：

例1，她在广州说“广州婚前性行为达86%”。《法制晚报》有文章却认为“这个数据将绝大多数广州女性放到可悲的地位上”。她举例说：“在北欧国家，婚前性行为比例达95%~99%，谁也没觉得北欧人都很可悲呀。他们不是活得好好的吗？他们的生活质量可能远远高于我们呢。”

例2，在谈到多边恋时，她解释说：多边恋是西方社会在世纪之交新兴起的一种人际关系，即配偶双方知情允许第三人或第四人进入他们的婚姻关系，大家和睦相处，既有情也有性，这样的关系当然也并不违背忠实承诺。

例3，在谈到“艳照门”时，她说：美国豪门艳女帕里斯·希尔顿和法国总统萨科齐的新婚妻子布吕尼的艳照，也发生过被人在网上传播的情况，她们都被那些国家的网民当做受害人看待，虽然有些人不免“狂欢”一下，也都是善意的，因为他们知道，人人都长了这样的器官，人人一生中都不免做爱，不是什么太大的罪恶。

例4，关于性行为对错的评判标准，她说：自西方性革命后，有一个逐渐被广泛接受的新的人权观念，那就是人类性活动中的三原则，只要不违背这三个原则的性行为就属于人权范畴，就不应受到制裁。这三个原则是：第一，自愿；第二，在私密场所；第三，当事人均为成年人。换言之，一切成年人之间自愿在私密场所发生的性行为将不受制裁，属于应受保护的人权范畴。

有人说她言必称福柯、弗罗姆等等，虽有点夸张，但她每引经据典，差不多全是欧美著述，也是事实。

也难怪，社会学及其性学，原本就是西方人的专利和强项，在中国，无法找到强大的理论后援和现实支持。

于是，问题出现了。

东西方的文化心理与习俗迥异，制度与法制文本不同。犹如两条不平行的线，从一个点出发，最后抵达的目标，相差了十万八千里。

李银河犯了中国精英的流行病：动不动就拿发达国家说事。

类似南京的遭遇，也非自今日始。

1994年，李银河为北京一次婚姻状况调查设计了一道问题："你认为女性有无权利主动提出过性生活？"

后来，一位40多岁的男性被调查者，将这份问卷特意上交当地公安部门，并在附后的检举信中义愤填膺地质问："怎么居然有人问这种问题？"

这只是较为一般的性问题。

可见，误读和隔膜，已经不是单凭讲座能够弥合与跨越的。

至于多边恋、同性恋、换偶俱乐部（请注意，李银河说的，不是换妻，而是换偶，这一点很重要，却被许多中国人忽略，他们想当然地以为这是男人的快乐，不知换妻与换夫同等重要，李银河在南京的言谈，就曾被人归纳为"共妻"论，可见误读与隔膜之深）等等，这些较为陌生的名词或事件，在中国百姓中，明显地缺乏可接受度。

一句话，缺乏群众基础啊。

李银河的性观念——严格地说，是欧美的性观念，对中国的现实而言，实在是不能承受之重的超前消费。

韩少功先生曾有过形象的比喻：不能把西方富人的减肥茶，当做中国大众的救命药（大意）。

李银河确实有些操之过急，她的步子迈得太大。她似乎要把平生所学，通通灌输给受众，然后目睹其一一地实践之。

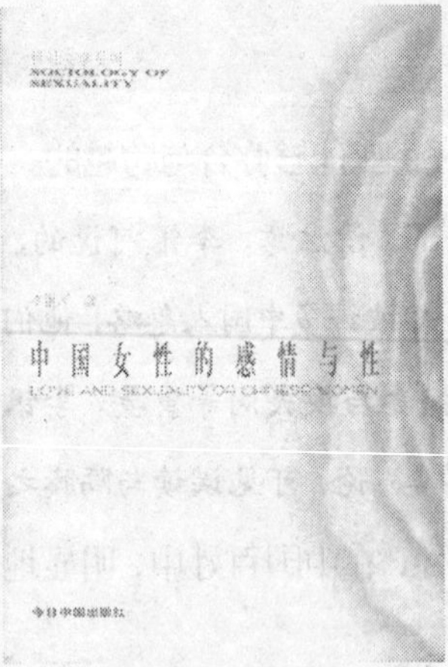

《中国女性的感情与性》一书封面。为性社会学系列丛书之一种。她的著作，多与情感和性相关，这是她的研究领域或专业决定的。

6

有些媒体，称她为“战士李银河”。

也许很多人并不知道，李银河本人的生活，一点也不另类。

她明确表示：

我自己就不喜欢多边恋，觉得它太累了，太闹腾了。我喜欢老派的一对一的关系。但是我觉得，不应当因为自己的偏爱，就去否定别人的选择。这就是我的态度。

于是，我们终于明白，在这场一个人的战斗中，她却完全不是为了一己的私利。

有句话说，吾爱吾师，吾尤爱真理。用在李银河身上，可改成：吾爱自己，吾尤爱真理。

在行为上，她不是一个开放的人。她也不是一个张牙舞爪的人。

在记者的笔下，她的本真面貌是：

她衣着朴素，谈吐举止温和，散发着中年女性的知性和魅力，丝毫看不出她是一个高高在上擅长唇枪舌剑的人。因为时间安排非常紧张，我们之前预约的专访时间只有15分钟。然而，随着双方话题的深入，采访时间超时了半个小时，但李银河博士并没有打断和中止采访，对话气氛轻松平和，超出记者先前的想象。

见多识广的记者“先前的想象”是什么样的呢？

不言而喻，与他看到的应该是相反。

可是，不是。

许多中国知识分子，都有这样的特征。他们的个人行为老派、严谨，甚或有几分木讷，但是，他们的言论，却异乎寻常地前卫或锋芒毕露。

这是为什么？

是过分压抑？还是信念使然？

不知道。但这已经是另一篇文章的题目了——足以写一本长篇大著。

杨振宁
从科教门走向娱乐门？

●因相隔54岁的婚配成为娱乐热点，因称中国高等教育为世界一流而一语惊人……

● 篇首附识

科学家杨振宁被娱乐界盯上，是因为和翁帆的老少配。一个82岁，一个28岁，这两个数字中间的差异和趣味，就够娱乐界兴奋一阵的。——海外的平路女士，用影射之笔，极力描摹老夫少妻的生理差异与不便，以及他们“扭曲的欲望或变态”，以此来表达对杨翁婚恋前景的担忧。未免有些刻薄和阴损。——杨振宁真正再次成为公众焦点的，是他对中国教育的放声歌唱与赞颂。有媒体评论认为，他正在往“科学超男”的方向发展。——据说，杨振宁先生非常关注中国教育当前的热点问题。看来，让他老人家不说还不是一件容易的事情。那就说吧。真的能说出惊人之语，让全国人哗然或者大笑，还真不是一件容易的事情哩。

1

科学家杨振宁被娱乐界盯上，是因为和翁帆的老少配。一个82岁，一个28岁，这两个数字中间的差异和趣味，就够娱乐界兴奋一阵的。

一段时间，杨振宁和翁帆，即使在公开场合如闪电掠过，他们的照片和文字报道，马上就雷鸣般地在许多报纸的娱乐版上全面登陆。

——不是头条，也是强力包装的热门看点。

杨翁之婚，刮起了一阵旋风。道喜的，说怪话的，都有。

不过，像身居海外的平路女士，写的《浪漫不浪漫？》（刊于《亚洲周刊》2006年1月22日），则未免显得心胸狭窄。

平路女士是在一次音乐会上，目睹杨和翁二人亲热的样子。

音乐会结束之际，杨振宁和翁帆往出口走时，“众人让路，眼光有朝圣般的景仰艳羡”。“两人十指相扣，走道两边惊呼：好浪漫！没见过的，真罗曼蒂克。”

平路女士在绘声绘色地描述了所见所闻之后，给予了自己的评判与驳诘。

她认为，老夫少妻的结合，不是像某些人艳羡的背叛世俗，而“恰恰是切合于世俗”的。因为，中国传统中的老夫少妻，显现的是“男性家长制的权威”。老男人，喜欢玩弄无知无瑕的小女人，那“意味着无须拼搏就可以轻松操控”。而小妻子，在大家庭中经过太长久的压抑，就会“用扭曲的欲望或变态的凌虐，掌理家、支使子媳，或顿挫那只无能的老兽”。

如此贬抑中国传统社会中的老夫少妻模式，还不算太离谱。——虽然同为老夫少妻，作者绘制的只是中国古代婚姻图像，那时遵从的是，“父母之命、媒妁之言”，与现代法制社会的自愿结合的婚姻模式，有着本质区别。

但是，平路女士上述议论，只是一段行文的技术引渡，接下来，作者切入了正题：

老夫少妻怎么过日子？眼前飞着细小的蚊子，视网膜有破洞，膝盖头也飕飕地风湿骨刺，睡到夜晚有欲尿的感觉，站着，憋气，却又像滴漏一样迟迟不出来。

这样刻薄的生理细节描述，表面上好像是说普天下所有老夫少妻，用在此文中，无疑具有明白无误的影射意味，这样的写法，近于人身攻击，已经与嘲弄和诅咒没什么区别了。

照我看来，婚姻是人家的事情，亲热也是人家的事情，人家没惹着谁，你看不来就不看呗，下笔如此阴损，实在是气量太小，既有失起码的厚道或善意，又缺少基本的人道同情和理解。

杨振宁似乎很在意，写了回应文章，《我们是天作之合》，全文很简短，不到平文的三分之一，节制而委婉，却很有力。

两篇文章，杨振宁全收到新著《曙光集》（2008年1月由三联书店印行）中了。可见杨先生的自信与宽容。

一来一去的笔战，比较起来，笔者以为，杨更具文明风范，行文与态度较为透明与坦然。

杨振宁携夫人翁帆出席院士大会。

2

其实，杨振宁和翁帆的婚事，除了年龄差异是一个谈资外，并没有提供太多的娱乐猛料。

杨翁二人毕竟有着相当高的修养（尤其是杨），他们在所有公开场合，总是十指相扣（估计这个动作是事先设计，既有身体上互相支撑作用，又有效规避了一位扶着另一位带来的飞短流长）。

他们显得从容淡定，他们偶尔的表态，一点也不哗众取宠，他们出席的，也全是学术报告一类的严谨会议。这就让娱记们的围追堵截和死缠烂打，有点使不上劲。

在婚事上，我以为，从杨振宁的表态，能看出学贯中西的涵养。

这有一个对照。

杨翁订婚一经泄露，立即铺天盖地传开了。媒体无孔不入的关注更撩拨了人们的好奇心与兴奋点。有记者采访翁帆父亲（据说翁父2004年时63岁，原是潮州中国旅行社负责人，已退休3年），翁父向记者表示：完全理解和支持女儿的选择，小帆愿意为照顾杨教授的晚年生活作出牺牲，这是一种美德，也是光荣的。

翁父的话，是中国特色的表态方式，立意高远，挂靠在主流意识形态的语境之中，有些宏大叙事的意味。

翁父的一番话在网上遭遇为数不小的非议，什么难听的话都有。

本来，这只是一次有些特殊的个人婚配，说特殊，无外乎是杨的科学地位和翁的年轻身份，并非出自国家利益的指派或者学术机构的需要。

本来，这就是一场完全自愿、合理合法的婚配，应该没有“美”“恶”之分，也与“牺牲”和“光荣”没什么关联。

翁父的表态，显然混淆了国家政治与个人姻缘的关系，带有过去那个泛政治时代的浓重投影。既不合时宜，也易生歧义。

再来看杨振宁和翁帆的说辞。

在接受台湾《联合报》记者相关提问时，杨振宁谈到由婚姻

杨振宁与翁帆合著的《曙光集》，2008年1月由三联书店印行。

引起的发自内心对生命的感慨：

跟一个年纪很轻的人结婚，很深刻的感受是，这个婚姻把自己的生命在某种方式上做了延长。假如我没跟翁帆结婚，我会觉得三四十年后的事跟我没关系，现在我知道，三四十年后的事，透过翁帆的生命，与我有非常密切的关系。下意识里，这个想法对我有很重要的影响。

翁帆的回答是回归生活，她说：

我想他首先是一个人。当我们生活在一起，我很少去想他是什么得主或什么人物，只把他当做丈夫一样来相处……振宁说过，三四十年后，大家一定会认为这是罗曼史，我也这样觉得。我

18
星八客
执子之手 天作之合

某报娱乐版上，关于杨振宁与翁帆的文章与照片。

这样想没什么特别理由，只因为我们生活得很好。

两人的态度，充分展示出较高的文化修养和认知水准，没有政治高调的包裹与环绕，只是对生命与婚姻的悠扬的意味诠释。

较之翁父的表态，之间的高下，真可以判若云泥。

3

印象中，几年前，有位香港明星（好像是谢霆锋）在机场受到一帮少男少女们迷狂追捧。与此同时，物理学家杨振宁也出现在机场出口通道上，没有引发同等的尖叫或惊呼。

敏感而多事的记者，问了几位青少年，知不知道杨振宁，都摇头说不知道。不少报纸还就此发了一通质疑和议论，这个极大的反差场面，引起他们的感慨和叹惜，让他们大为遗憾和扼腕，同时，他们为青少年追星的不敏，而忿忿不平。

笔者看来，这种感叹，只是看上去很美，实则隔山打炮，是评判价值的拼接错位，情感的廉价抒发，是一堆大而无当的空泛之论。

歌星影星球星主持人等等明星，他们扮演的是大众情人的角色，必然拥有数量庞大的粉丝队伍。这类明星在哪个国家（无论是发达的还是发展中的），都是文体消费的摇钱树，都是热门畅销的市场偶像，都是激活娱乐产业链的抢手法宝。

而科学家，他们原本就不是大众舞台上的主角。

科学研究，需要的是沉潜与深思的工作氛围。

喧哗与骚动的消费市场，灯光旋转的戏台或演播厅，尖叫惊呼的娱乐现场，不仅无益而且还有害于他们获取成就。

科学家的贡献和成果，都得自于另一个无需张扬的地方——实验室，那里才是他们天天出场的事业舞台。

只是，那地方从来就静寂无声，也需要足够的静寂无声。

一只飞船升空，受到大众追逐的总是宇航员，而不是设计飞船的幕后专家。

从未听说哪个国家，有研究员或科学家走上街，被挤得交通堵塞，只有戴上墨镜口罩，专雇了保镖才敢出门。

不要说青少年不知杨振宁，就是那些大发感叹的记者和评论员，恐怕也没读过杨振宁的专著，更无法讲透说清杨振宁在物理学上有怎样的专业突破。除了确认此人得过物理学诺奖，并不知道多少他的优秀事迹。

他们凭什么发出这样的感叹呢？

要青少年们去追捧一个他们并不知道的人，是不是陷入了另一种更可怕的盲从？——至少，追逐或崇尚哪位明星，是他们自己的选择。

领域不同，标准也不同，把热闹喧嚣的大众市场作为唯一尺度，把是否能获得追星族的尖叫作为最高尚的荣誉，才会发出那些貌似高屋建瓴、实则莫名其妙的置疑和感叹。

当然，对杨振宁而言，这已是过时话了。

记者们再不必有这样的遗憾了。

现在的杨振宁，也差不多快成为娱乐明星了。虽然他的追逐者仍然不会太多，但青少年们大多知道了杨振宁是何人，因为他们至少在娱乐新闻中见到过这个名字。

这大约也是娱乐界和杨振宁本人都不曾料到的吧！

这无论是对他们，还是对那些曾经为杨振宁打抱不平的人来说，也许是一个意外收获。一笑。

4

旋风来得快走得也快。

欢喜或不欢喜，浪漫或不浪漫，毕竟是别人的家事，况且杨翁并不招惹事非，热闹一阵也就过去了。

杨振宁真正再次成为公众焦点的，是他对中国教育的放声歌唱与赞颂。

如果婚配是个人的事，这一次则关乎全国人民的感受，因之更有轰动效应。

而且，似乎比前一次更具娱乐性或喜剧效果。

这位在新婚后充满幸福感的科学家，在游走各地的演讲中，多次发出语惊四座的断言：

中国的本科教育世界一流；

中国大学的本科教育非常成功。

这个论断未免太惊世骇俗了。

教育医疗住房，一度被人们戏称为压在中国人头上的新三座大山。

上学难上学贵，这几乎是全国从教育部至百姓家庭的共识，而且，非一日之共识。

可是，身为美国公民的杨振宁，与全中国人民或绝大多数中国公民的看法大相径庭。

请看，中国社会科学院2005年发布的《中国教育发展报告》所列的数据：

77.8％的公众对教育的总体情况“很不满意”、“不太满意”，总体满意度仅为35.28分（60分为合格）；仅4.1％的公众表示“很满意”和“比较满意”。搜狐网的调查结果是：认为教育基本成功的占2％，认为成功和失败并存的占18％，认为教育完全失败的占79％。

2007年初的全国两会，教育问题再次成为代表们关注的焦点。

这就是今天，包括本科教育在内的中国教育的现状，也是全国人的基本共识。

具体到教育中的大学问题，无须搜罗，就可以开列出一大串焦点现象。

从大学产业化到校长老板化的利欲熏心；从教师论文抄袭到学生考试舞弊的诚信危机；从陈丹青对高校体制失望引出的辞职风波，到丘成桐对高校学风的全面批判；从校级干部一走廊、处级干部一礼堂、科级干部一操场的官场本位，到研究课题申请与审定程序的行政操控；从福建、陕西、山西的三位父亲因无钱供儿读大学而绝望自尽，到大兴土木而引发的高校债务危机……

等等等等。

行了吧，还要再例举下去吗？

正如曾经的清华教授陈丹青说的那样："我们批评一个教育的问题，哪怕在局部，它一定会体现为全中国所有学校的问题"，而且，最最要命的是，"教育所有的弊端，所有的问题"，表面上却是"非常健康的一直在运行"。

就是这样。

中国教育部前副部长张保庆谈教育时说"宏观看形势一片大好，深入看都是问题"。

大学教授和政府官员的意见，惊人的一致。

中国的教育当然不是一无是处，但问题很多，且严重地阻碍了跨入世界一流的步伐，却是毋庸置疑的。

什么叫世界一流？中国高校缺的，当然不是楼堂馆所、仪器设备，缺的是自由思想、独立精神、追求卓越的理念和大师。

杨振宁话一出口，网上的声音，是激愤与不解。某些媒体，也发表了难以认同的质疑和评论。

杨振宁显然也意识到玩笑开大了一点，他作过几次难以自圆其说的补充说明。

一说是："在研究领域中国大学与世界大学有很大差距"，中国的研究生的水平远不及美国，因为中国教育"不能充分发挥学生特长"。

——此说的破绽：研究生不都是从本科上去的嘛，中国扼止个性的应试教育从幼儿园学前班就开始了，一路狂奔到小学、中学、大学，再到硕博……不能激活和张扬学生的特长与创造才能，能说是"非常成功"？

另一说是："中国近20年来的高速发展，很大的功劳来自成千上万的大学毕业生"。

——此说的破绽：这所谓成千上万大学毕业生，占中国人口，有百分之一吗？本科教育和经济高速发展，能因之构成因果关系吗？他难道不知中国的大学数以千计，可是不久前公布的2007年世界大学学术排名中，竟然没有一所中国大学的名字，有这样的"世界一流吗"？

这时候的杨振宁，不太像一个严谨的具有世界声誉的物理学大师，倒像是一个逻辑混乱、说话随意的江湖郎中。

实在没必要再说下去了。年轻的媒体评论员肖擎，写了一篇题为《杨振宁就是中国教育的一只报喜鸟》的短评，全文写得最好也最有力的一段话在最后，兹录如下：

杨振宁正在丧失他的学术神秘感和人文亲近感。如果把杨振宁与李政道作个比较，我们可以发现，依照流行说法，杨振宁正在往“科学超男”的方向发展，他在自己的研究领域之外，重新开辟了一个叫作“中国教育成功学”的领域……李政道在干些什么？除了偶然看到他出席物理学领域的专业会议，几乎看不到他对中国教育发表看法，也看不到他对中国其他问题作的主观评论，一个严谨的物理学家追随了自己所忠于的信仰，不能不令人钦佩。同为诺贝尔奖得主，二人的差别之巨令人咋舌。

杨振宁在中国科大论坛上作报告，在自己的专业领域里，他是当之无愧的大师。

5

我对杨振宁先生的印象，曾经是很好的。

他最初给我的印象，近于满分。

35岁，即获诺贝尔物理学奖。这个年龄与荣誉的早早幸会，足以让全球的绝大多数科学家嫉妒与羡慕。

他的文笔也不错，能写文章。

在85岁的高龄，他还能写下这样富于激情和沉雄的叙事文字：

鲁迅、王国维和陈寅恪的时代是中华民族史上一个长夜。我和联大同学们就成长于此似无止尽的长夜中。幸运地，中华民族终于走完了这个长夜，看见了曙光。

我看过杨振宁的照片，他的额头异于常人——从眼眉至发际这一截的长度，几乎占了面部的二分之一。

印象中，如此面相，都是绝顶聪明之人（文人中如郭沫若、钱钟书、王蒙等人，都有这种面相特征）。

电视上看过扬振宁的讲话，他思维敏捷，应酬和应对都非常自如，没有所谓理科学者的木讷，确是一个很会说话的绝顶聪明的人。

杨振宁1964年即“放弃故国”（杨振宁语），向美国国旗宣誓效忠美国而入了美国籍。

但，这是他个人的选择。

国内的有些讲话与文章，都称他为爱国者。我想，我们与其称他为爱国者，倒不如称作国际友人或热爱中国的外籍华人或友好的华裔美籍科学家更准确。

6

设若只是自说自话，杨振宁说什么都无所谓。

殊不知，他是可以跟中国高层领导说上话的大名人。

他曾在接受新加坡记者的采访中说：

对于高等教育需要什么样的改革，中国政府曾找我再三谈过，他们也虚心准备接受……

也不知“虚心准备接受”的内容，是否包括“中国的本科教育世界一流”这样的论断。

据说，杨振宁非常关注中国教育当前的热点问题。

看来，让他老人家不说还不是一件容易的事情。

那就说吧。

想想，要是真的能说出惊人之语，让全国人哗然或大笑，还真不是一件容易的事情哩。

——说出一句话，从科教门进去，最后竟从娱乐门出来，虽不能拿诺贝尔奖，至少可以增加一些热闹和谈资。

不是吗？

周作人
谁叫你是名人？！

●名人既然享受了时代的荣耀，也必须要承担时代的不幸，没这能耐就别做名人了……

● 篇首附识

到了20世纪二三十年代，周作人的地位和声誉已不在鲁迅之下，我曾想，如果周作人在投敌前的那次暗杀中丧命了呢（那一枪很偶然地被他的大衣纽扣挡住了）？自此对周作人的人格评价，无疑会是另一番模样。但是历史没有提供这种可能，历史总是有选择地把极少数人推到生死抉择的关头，迫使他们向公众亮出自己的原本可以深藏不露的真实内心，而大多数人则不必承受这种令人难堪的煎熬。不幸的是，不巧的是，周作人正是在这样生死抉择的关头被历史选中了，历史老人一定是看出了周作人的软弱。——进入21世纪之际，刘心武曾在一封给成年的晚辈女子的公开信中，嘱其珍惜童贞，不要随便和人上床。文章一出，文坛刀客韩石山先生愤而撰文驳诘，斥之为“道学家的下流”。——军旗装事件过去几年后，赵薇在电视上回忆此事，还一副惊魂未定的样子。——有些事情就是这样。一般人可以，名人就不可以，名人就必须要有名人的承担，名人的风骨，名人的高度，名人的气魄。如果做不到，还是不要做名人了吧。

1

历史常有不公正的时候

我有时想，历史是公正的吗？

一般认为历史是公正的。

很多人在面对无法挣脱的邪恶之时，会说让历史来证明吧，时间是最伟大的批评家……或者说，历史将宣布我无罪，等等等等。

可是，事情往往不是这样。

历史并不像人们想象的那么公正。历史也有，或者常有不公正的时候。

尤其，是在历史的紧要关头，一些事情的发生，有着太多的偶然性和随意发挥，太多的无厘头和捉摸不定，太多的不可料和无法掌控。

而且，那些紧要关头的事件，一旦来临，便是一闪而过，注定永不回归。再善良的愿望、再美好的假设，都无法重头再来——哪怕是游戏着重演一次。

最最不公正的是，几乎是在所有的紧要时刻，在所有的载入史册或未载入史册的千钧一发的现场，历史总是有选择地把极少数人，推到生死抉择的关头，迫使他们向公众亮出自己原本可以深藏不露的真实内心，暴露出原本是人人都会有的怯懦，或自

1935年的周作人，在文坛和学界都是精英中的重量级人物。

私，或虚伪，或贪生怕死——暴露出人性的种种丑态。

而绝大多数人，则不必承受这种令人难堪的煎熬，他们可以将自己也会有的、同等的不堪，心安理得地封存于心底深处。永远封存，永不泄露。

事实就是这样。

这公正吗？

这情景就与身染绝症的患者，看到满世界活蹦乱跳的人群，会抱怨命运不公是一样的道理。

可是历史仿佛就是这样的不公，仿佛就是要忽略不计大多数，仿佛就是喜好把少数人放在炼狱中煎熬或戏弄。

这里要说的是名人。

名人是人类或人群中的标杆、楷模、旗帜，负有引领时代、引领世道人心的责任和义务。他们的表现，他们的荣辱进退，他们的一举一动，牵动着历史的神经，刻录着时代的体温。

想想也是。数量极少的名人们，生前或身后，享受着绝大多数人的赞扬、追捧、膜拜、效仿，享受着平头百姓们终其一生也无法获取的荣誉地位……不拿他们开刀拿谁？难道拿芸芸众生——嗨，算了，法还不责众哩。

名人很多，可以说道的名人也很多，想来想去，竟是想到了周作人。

2

曾以为他会是"替我们民族争得几分人格的人"

谁会想到呢，周作人做汉奸之前，国人曾以为他会是"替我们民族争得几分人格的人"。

其实，关于周作人的名声之大，关于周作人在中国新文化、新文学中的地位，用不着笔者劳神费力地字斟句酌，很多现存的研究或评述著作，可以开出一份长长的清单，这里只略摘语录一二：

冯雪峰（左翼理论家、学者）：

周作人是中国第一流的文学家，鲁迅去世后，他的学识文章，没有人能相比。（摘自周建人《鲁迅和周作人》中引语）

郁达夫（现代作家）：

周作人的理智既经发达，又时时加以灌溉，所以便造成了他的博识；但他的态度却不是卖智与炫学的，谦虚和真诚的二重内美，终于使他的理智放了光，博识致了用……中国现代散文的成绩，以鲁迅、周作人两人的为最丰富最伟大。（摘自《妄评一二》）

苏雪林(现代作家、学者):

与其说周作人先生是个文学家，不如说他是个思想家。十年以来他给予青年的影响之大和胡适之、陈独秀不相上下。(摘自《周作人先生研究》)

许杰(现代作家、学者):

他(指周作人)是五四时期的健将。(摘自《周作人论》)

钟敬文(现代文化学者):

在这类创作(指小品随笔类)中，周作人不但现在是第一个，就过去两三千年的才士群里，似乎尚找不到相当的配侣呢。(摘自苏雪林《周作人先生研究》中引语)

钱理群(学者):

周作人的《人的文学》、《平民的文学》，以及以后陆续写出的《思想革命》、《新文学的要求》、《圣书与中国文学》等文，构成了一个完整的体系，是最能显示五四时期周作人的思想特色的，并且是五四文学革命与思想革命的重要理论建树，现在已经成为历史性文献了。(摘自《周作人传》)

柳存仁(澳大利亚华人学者):

我惶恐而且踌躇于不能够道及先生(指周作人)的学问和智慧之大……试想:童话、歌谣、医学史、性心理、妖术史、欧洲大陆的小说、希腊神话、诗歌、人类学、儿童心理、浮世绘、戏剧史、佛经……这些方面的每门他都有过深入的观察，发表过不少个人的知见……这是常人所能够做到的么?(摘自《知堂纪念》)

舒芜（学者）：

没有人超过他，没有人能代替他……在外国文学的翻译介绍方面，在新的文学理论文学批评的建设方面，在思想革命的号召和实行方面，在新诗的创作和理论探索方面，在小品文的创作方面，成就和贡献都是当时第一流的，开创性的，具有周作人的特色而别人无可代替的，将永远成为中国新文学宝库的一个极重要的部分……不了解周作人，就不可能了解什么是真正的中国文化，什么是中国知识分子的命运和道路。（摘自《周作人概观》）

还有，胡适在晚年不止一次跟人说："到现在还值得一看的，只有周作人的东西了！"

还有，巴金在与《人民日报》编辑李辉谈到周作人时说："人归人，文章还是好文章。"

还有，鲁迅在与周作人失和分手十年后，回答斯诺夫人海伦提问，中国最好的散文作家是谁，鲁迅说了五个人的名字，第一人即是周作人。

够了吧。

试问，在中国现当代，在众多的作家和学人中，有几人的学识文章，能获取如此高、如此众口一词的美誉？

事实上，到了20世纪二三十年代，周作人的地位和声誉已不在鲁迅之下，甚至在许多方面还略高于鲁迅。

这样一个有着高度口碑的文坛巨擘、超级名人，怎么能做汉奸呢？又怎么能让他做汉奸呢？

在北平沦陷之际，众多文化名人或上门或联名写信，力劝周作人南下避难，均未能奏效。但是，他们仍然时时关注和关心着身陷北平的周作人，关注和关心着他的一举一动。

战乱中，信息阻塞，只要有一段时间未得知他的消息，文化界就有些不安：周作人在沦陷区如何度日？他会遇难吗？他会降敌吗？

1937年8月23日，远离北平的郭沫若恐怕周作人会遭不测，写下《国难声中怀知堂》，他在文章中说：

周作人1939年元旦遇刺后第三天，在北京八道湾住处前。

我们如损失了一个知堂，那损失是不可计量的。近年来能够在文化界树一风格，撑得起来，对于国际友人可以分庭抗礼，替我们民族争得几分人格的人，并没有好几个。而我们知堂是这没有好几个中的特出一头地者，虽然年轻一代的人不见得尽能了解……比如就像我这样的人，为了掉换他，就死上几千百个都是不算一回事的。日本人信仰知堂的比较多，假使得到他飞回南边来，我想再用不着要他发表什么言论，那行为对于横暴的日本军部，对于失掉人性的自由而举国为军备狂奔的日本人，怕已就是无上的镇静剂吧。

这个评价出自郭沫若之手，可说是极高。

郭沫若少年即享有盛名，又是当时政界学界与文坛名流。虽然，诗人郭沫若夸起人来，常有过头之处，喜用谀辞，习惯于浪漫宏大的语调，但是，读者要注意的是，这段评价与其他评价不同的是，郭沫若是把自己给赔进去了，他是把自己拿出来和周作人作比较，是在不惜降低自己的比较中来谈周作人的价值的。

这一点，我以为很见诗人的诚意（客观地说，早年的郭沫若还是性情中人，其趋炎附势缺少文格，在1949年以后才逐步升级并达到极致）。

一般来说，人人都有眼高手低的评判习惯。遇到与自己相当的，会说这人应该比我差吧；遇到比自己略高的，会说我们应该差不多吧；遇到明显高于自己的，才会说可能比我略高一点吧，或者说我们应该是各有所长吧。

所谓文人相轻，也包含这样的意思。夸别人，怎么夸都是可以的，但是，谁都不会轻易把自己给搭进去，不会轻易地以贬抑自己的方式去夸别人。这是一般性客套与赞美的底线。

这里评价周作人，不仅是能“替我们民族争得几分人格的人”，而且“比如就像我这样的人，为了掉换他，就死上几千百个都是不算一回事的”。

身份煊赫的郭沫若，敢于写下这样的白纸黑字，可想而知，周作人在那个年代，在那一拨知识分子和文化人中，有着怎样高拔的地位和影响力。

但是，所有这些，都不能改变的一个事实是，在侵华日军的铁蹄踏破北平之后的1938年，已然54岁的周作人晚节不保，终于没有像人们期待与渴望的那样，成为一个有气节的文人，成为一个永不变色的名流，成为“替我们民族争得几分人格的人”。

没有，他背叛了生养他的祖国和人民，投入了侵华日军的怀抱，被永远地定格在中国历史的耻辱柱上。

3

刘心武的女性观撞上周作人的枪口，近百年过去，周作人的某些观念依然前卫

至今，提到周作人曾经的思想激进与骁勇，似乎还需要一点小心翼翼，需要一定的风险规避意识，特别是，他早年和中共高层领袖人物曾有过的亲密接触——但，这确实是曾经发生过的历

周作人因“汉奸罪”押送受审。

史事实。

早年的周作人，曾倡导建立互助和谐的具有“真正的人的生活理想”的“新村运动”，青年毛泽东，为此曾专程到他北京家中拜访请教……

在20世纪20年代初叶，周作人和陈独秀、李大钊、邓中夏等中共创始人过从甚密。李大钊遇难之际，他不仅撰文驳击屠杀者，还将烈士遗孤李葆华收留在家中加以保护，然后护送出国……

在1925年北京女子师范大学的学生受迫害风潮中，在“五卅惨案”引起的全国规模的反帝斗争中，在1926年段祺瑞政府屠杀反对日本侵略的请愿群众的“三一八”惨案中，在1927年蒋介石实施清党屠杀并绞死中共领导人等20位烈士的事件中，他都发表了攻势凌厉、现实性与战斗性强烈的杂感或时评……

在风雨如磐的日子里，他说：“我现在对于学问艺术没有什么野心，目下的工作是想对于思想的专制与性道德的残酷加以反抗……”

他在尖锐抗议、抨击北洋军阀的同时，还针锋相对地为马克思的阶级斗争学说辩解，他说“阶级争斗已是千真万确的事实，并不是马克思捏造出来的”……

当日军为侵华而制造的卑劣借口穿帮败露以后，他严厉地撰文抨击道：“日本人最爱美……不知道为什么在中国的行动上那么不怕丑。日本人喜洁净……但行动上又那么脏，有时卑劣得叫人恶心”……

提到这些曾经锋芒毕露的言行，很难想象此人日后会投向日本侵略军的怀抱。

周作人在20世纪的二三十年代，是读书界或文化界追捧和膜拜的领袖人物。

他在一本小册子中提倡晚明小品和公安派、竟陵派，一时间，人们写文章时都要说到公安竟陵以显示博学，也习惯于抄点明人尺牍来表明观念的时尚，言谈中也少不得袁中郎金圣叹和小品散文之类，仿佛只有这样才像够格的文人。

在学术方面，周作人的难得之处，在于他涉及领域的广度和深度，很少有人能够企及。

在新文学运动中，他第一个提出“思想革命”；他呼唤人的文学和平民的文学；他主张自由、宽容与个性表达；在妇女解放这个最见文野分界的问题上，他说“妇女问题的实际只有两件事，经济的解放与性的解放”；在性观念的认识上，他说“相信在文明世界里这性的解放实是必要，虽比经济的解放或者要更难也未可知；社会文化愈高，性道德愈宽大，性生活也愈健全，而人类关于这方面的意见却也最顽固不易变动”……

他的一些理念和认识，不仅在上个世纪初的中国有如空谷足音，即使到21世纪的今天，仍然是相当多的作者与作品未能企及的高度，仍然有着相当的针对性，仍然值得我们补习与重温。

这么说，绝不是哗众取宠，或者故作高蹈。可以举一个最切近的发生在21世纪初，即2000年——也有一种说法是20世纪最后一年——的例子。

2000年6月出刊的第3期《文学自由谈》上，发表了刘心武写的《给侄孙女的七条忠告》一文。

此文堪称奇文。刘心武在这篇忠告中，以爷爷辈的口吻向所谓的侄孙女提出七条忠告。

原文简缩如下：

1.要十分珍惜你的童贞……你的童贞一旦失去便没有第二个“初夜”。2.在性观念，特别是性行为上，要有一道底线……不要随便和人上床。3.不能吸毒……奥斯卡片《美国丽人》里的美少女，并未被任何一个男人破瓜。4.读书，不要相信所谓批评家的言论……写那些文字是他们的生活方式。5.不要为赢得别人夸你有品位而去读某些书。6.不要为媒体上那些互相抵牾的价值观念、审美指向而大惊小怪。7.广告毕竟是广告。

想想，一个爷爷辈的男人，对已是成年少女的孙辈大谈童贞、初夜、性、破瓜、上床——这都是说的什么话！

往轻里说，是不明事理，往重里说，是轻慢且有失自尊。

如果是一般人写了这样的信，任他写去吧，倒也没人去理会、去较劲。可刘心武是何等人？

此公1977年即写出新时期标志性作品《班主任》（当时曾被

称作青年作家），先后多次获得全国小说大奖和茅盾文学奖。1993年又投身于《红楼梦》研究并于2005年开始在中央电视台《百家讲坛》讲《红楼梦》，已经朝着学者化的路径转向。

这样一位知名作家和知名文人，居然拿出这样一篇为少女生活指路的公开信。

此文一出，立即遭到山西作家韩石山先生的凌厉痛斥。

韩文的标题就充满了不可遏止的火药味：《道学家的下流》。

限于篇幅，本文只摘取后面的几个论述段落：

从《给侄孙女的七条忠告》里，可以看出，时序虽然进入了21世纪，而我们的思想文化界在对女性的认识上，仍停留在上个世纪初的水准上。几乎可以说，一百年来没有什么长进。

五四新文化运动的意义，除了对科学的提倡之外，一个重要的贡献就是女性的发现。在这方面，倡导最为有力，论述最为翔实的是周作人。他的那些论述就不必细说了，且看这样几句话：

“我固然不喜欢像古代教徒之说女人是恶魔，但尤不喜欢有些女性崇拜家，硬颂扬女性是圣母，这实在与流氓之要求贞女有同样的可恶……我们要知道，人生有一点恶魔性，这才使生活有些意味，正如有一点神性之一样地重要，对于妇女的狂荡之攻击与圣洁之要求，结果都是老流氓（roue）的变态心理的表现，实在是很要不得的……从前的人硬把女子看作两面，或是礼拜，或是诅咒，现在才知道原只是一个，而且是好的，现代与从前的知识道德之不同就只是这一点，而这一点却是极大的……”（《北沟沿通讯》）

对刘心武这样的读书人，周作人早就看了个透辟。在《“半春”》一文中说：“中国多数读书人几乎都是色情狂的，差不多看见女字便会眼角挂落，现出兽相，这正是讲道学的自然的结果，没有什么奇怪。”

……说到这里，我怀疑刘心武有没有这样一个侄孙女，极有可能的是，刘先生不过是虚拟了这么个侄孙女，借以教诲（实则是

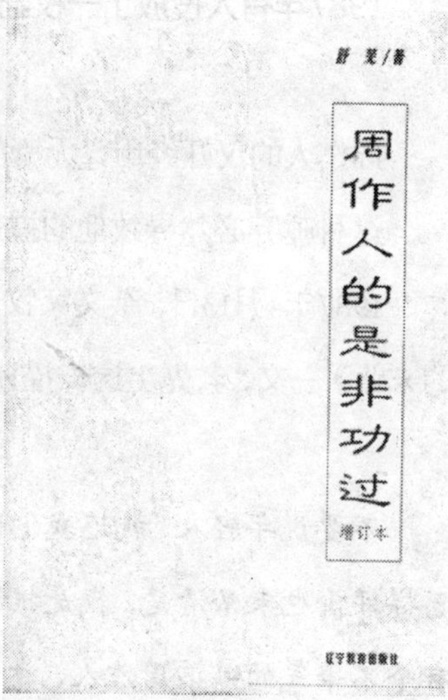

舒芜著《周作人的是非功过》是研究周作人较早也较为透彻的著作。

污辱）中国所有正在长大成人的女孩子。这篇《给侄孙女的七条忠告》可说是五四新文化运动以来最下流的文章了。

让我最感意外的，还不是韩文的火药味，而是，韩文的引征部分或观念的核心部分，竟然全是从周作人的思想库中提取的。

他征用的两处摘引，都还只是周作人在20世纪初叶发表的文字。

4

1987年有人投放了一枚翻案的重磅炸弹

周作人的汉奸经历毫无疑问是遭人唾弃的。

这种唾弃必然导致他的被遮蔽。这是咎由自取、罪有应得。

1987年4月13日，杂文家牧惠在《人民日报》上发表《周作人的末路》一文，老先生这样描述自己亲历的认识周作人的过程：

不要说年轻人，就连我们这些年近花甲的人，对周作人到底怎样评价也未必清楚。我是抗战期间上的中学，知道伟大的鲁迅有个不争气的弟弟周作人，竟当了汉奸，如此而已。汉奸当然可恶，可杀，因此理当唾弃。

这大约是许多人对周作人的全部印象，全部的了解。

20世纪80年代中叶，那是一个开放与启蒙并驾齐驱的年代，许多解禁印刷品的次递印行，一些封冻或封存已久的人和事，浮出了春风荡漾的水面。人们如饥似渴地阅读，同时，常常会发出醍醐灌顶或如梦初醒的慨叹。

一时间，许多东西都仿佛要重新抒写和重新认识。

同期，随着周作人文集和关于周作人研究的纷纭面世，读书界的周作人热，也如旋风般掠过。

旋风揭开被遮蔽的真相，同时也难免泥沙俱下、鱼龙混杂。

值得一说的是，1986年上海的沈鹏年，抛出了一组回忆录、访问记，竟然考证出“周作人不是汉奸而是中共北平特委动员或派遣打进伪政府的”。

竟然，周作人并非附逆投敌的汉奸，而是忍辱负重且受屈多年的地下工作者。

很快，嗅觉灵敏的文摘报刊纷纷转摘，有的加上耸人听闻的标题《周作人不是汉奸》，甚至流播海外。

这真是一次惊天的文化引爆，一枚让人瞠目结舌的重磅翻案炸弹。

但只是昙花一现。

不久，身为当时中共北平特委负责人的王定南，于1987年2月

20日发表了《我对周作人任伪职一事的声明》，断然否定了“派遣说”，明确指出这是编造。

一切，正如舒芜论述此事的标题所说：历史本来是清楚的。

此事虽然早已平息，但是，事后印行的评说周作人文章的选本，有的就只收了派遣说，而未收紧随其后的澄清和回击。

笔者在书市上，就曾看到由上海学者陈子善编的《闲话周作人》一书。此书1996年7月印行。可是，就只有许宝骙《周作人出任华北教育督办伪职的经过》，未见王定南《我对周作人任伪职一事的声明》。

许文仍然是持派遣说的，并明确在文中表示游说周作人出任

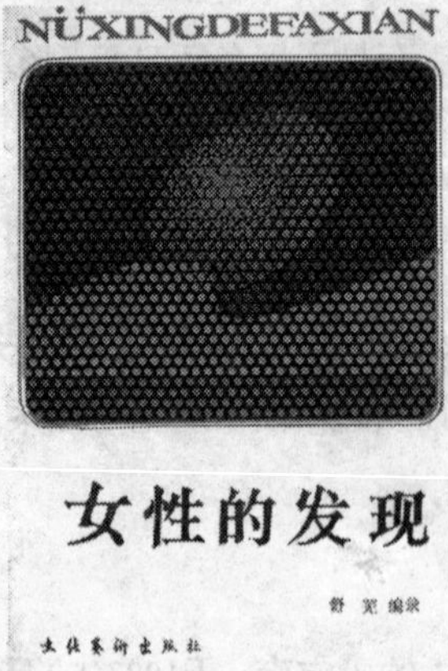

《女性的发现》一书，收录了周作人在女性问题上的主要文章与言论。

伪职，“若没有他（注：指王定南）的同意，我是不会进行这项活动的。这算不算党组织的决定？我不清楚。”

选了许的“经过”，却没有选王定南对此事的“声明”。这样只收其一、不收其二的选本，不说态度暧昧，至少，于学问而言，有失严谨。

5

他为什么做汉奸？一句俗语，也可以是一个解释的维度

说到周作人做汉奸的无耻经历，我不免会想，如果周作人在投敌前的那次暗杀中丧命了呢（那一枪很偶然地被他的大衣纽扣挡住了）？

那么，人们对周作人的人格评价，无疑会沿着过去那些论定和美誉，继续无限地向上攀越、向上提拔、向上升华，一直达到难以估量的巅峰状态。

但是，历史没有提供这种可能……

周作人当了叛徒，背离了人心，背离了生养他的土地和祖国。

整个知识界和文化界一片哗然，仿佛历经了一次文化的沦陷。

1938年5月，茅盾、郁达夫、老舍、胡风、丁玲、夏衍等18位知名人士联名公开驰函《给周作人的一封公开信》，向已经显现附逆端倪的周作人发出忠告：

民族生死关头，个人荣辱分际，有不可不详察熟虑……希望幡然悔悟……一念之差，忠邪千载，幸明辨之！

鲁迅曾说过一句话，幻灭之来，不在于假中见真，而在于真中见假。

那些曾经力劝周作人南下的人们，表示出空前的不解、失望、痛心、愤怒。那些曾经视他为偶像和导师的进步青年们，感到被欺骗和被侮辱一般的“痛苦”。

周作人为什么要这样，又为什么会这样？

人们最想听到的是，他自己怎么说。他自己如何解释这样的逆行倒施。

是啊，他真正是博览群书、学富五车、通晓中西文化且冷静透辟、看问题最一针见血的大牌学者，何况，他又那么能写。

可是，就是这样一个周作人，偏巧对下水之事避而不谈，还自称“不辩解”。

直到时过境迁的1960年，曹聚仁先生代香港《新晚报》向周作人约稿，周作人写作了他一生中最后，也是最大一部总结性作品：《知堂回想录》。

在这本自传中，他原本打算写至“五四”时期为止，最后竟将一生经历写出。人们最好奇，也是最希望看到的，恐怕是看他如何在自传中谈附逆投敌，看他如何认识他的附逆投敌。

可是，没有。

除了重申所谓的“不辩解主义”之外，在人们最关注的点位上，他仍然避重就轻，闪烁其辞。

老谋深算的周作人当然知道，这种不耻于国人且污损人格的事情，辩解的结果，只会是，也只能是言多必失，越描越黑。

很多的文化人或研究者，出于一种责任，使出平生所学，从各自不同的路径入手，来解剖周作人的沦落。

他们搜遍了周作人的文章，不放弃只言片语，不留一个死角，从儒释道的传统影响、从历史虚无主义、从民族失败主义、从自由主义、从个人主义等等角度切入，给出了纷纭万象的诠释。

其实，用得着请出那么多主义吗？

在见到的所有诠释中，我觉得冯雪峰谈周作人的一句话最剔肌见骨：

除了自己的羽毛，就没有什么是他所爱惜的了。

没错。他最爱惜的，就是自己的羽毛，就是自己的肉身。

恋生，贪生怕死，是人的一种本能。

博学也好，学识也好，想帮忙都帮不上的，帮忙的结果是更加添乱。

这情景，有如性——在赤身裸体的婚床上，在那个不便启齿的忘情瞬间，男人与女人无一例外地会变得丑态百出，在那一时刻，所谓博学和学识，所谓地位或修养，只是身体的多余部分，只有彻底剥落，人们才能忘乎所以地尽兴狂欢。

1939年元旦遇刺后，周作人到医院检查，发现只碰破一点皮，据说他高兴得跳起来。张中行评价说："这也是修养败于天命的一例，因为就是生死事大，最好也是不忘形的。"

是啊，终于现了原形。

学者张中行这句话，像是一枚来自行家里手的锋利无比的钢针，迅速撩开了周作人思想学问的外衣，直取灵魂深处。

周作人性格软弱。生命与活着，在他眼中高于一切、重于一切，一次拙劣的未遂暗杀，就吓得他"脸色煞白"。

民间谚语，好死不如赖活。

是的，这话太俗，用这样的大俗话来比拟学富五车的周作人，好像太简单，太缺少深度，太不够学术了。

一向专拿文化人开涮的王朔，在谈论国人的思想根源时，说得更为浅俗和直白：

中国何来灵魂？一切痛苦、焦虑都来自肉体！

在学者们看来，仿佛只有从周作人思想的复杂来剖析，只有掏空了他灵魂的每一个角落，才能获取深度的结论，才能发出创意的声音。

不。

周作人确实博学，可是，世上的事情常常是，一个人拥有越多，越是舍不得死。坐在权力巅峰上的皇帝最怕死，腰缠亿贯的超级富翁最怕死，——同理，一身绝学的周作人，在生死攸关的当口，那绝学与权力金钱没什么区别，同样可以使他迷恋难舍。

当一个人拥有绝大多数人不具有的东西，当然会比绝大多数人更害怕失去，更害怕流逝。

周作人（左）晚年与钱稻孙合影。钱与周均留学日本，又都曾出任伪职，同在“文革”初去世。

用不着绕那么多弯子，用不着请出那么多的理念和主义，可能就一句俗语，也是一个解释的维度，也许是一个更接近于事实的说法——一个可以和请出那么多的理念和主义并列共存的一种说法。

周作人曾说，“我看，苟全性命于乱世是第一要紧”（《闭户读书论》）；也曾说要“得体地活着”（《中年》）。

学者钱理群，在解读“得体地活着”时，理解为，“周作人当然不会满足于纯动物的好死赖活般的‘活着’”。

是这样吗？

实际上，周作人从被判“汉奸罪”之后，他的活着，就很不够“得体”了。

1949年后，他几乎每天写作达10小时，仍然有大量的著译印行面世，但有严格控制，绝对不能用真名，同时名字也不能上报纸。

公开署名，“是他生前最为渴望的”（他生前的文稿责编文洁若语），对以著译为生的文化名人来说，这应是很不得体地活着了。

还有，更加不堪的是，到1966年的“文革”浩劫之中，他的活着非是不得体，甚至于连赖活都谈不上了。

当年红卫兵冲进八道湾周作人家，他们将已是八旬老人的周作人拉到院中的大榆树下，用皮带棍子抽打；他们燃烧周的书籍，让周跪在火堆旁边；他们只允许周睡在潮湿澡堂的踏板上，夏夜被成群的毒蚊子咬得体无完肤。

此时，遭遇相似的老舍、翦伯赞、傅雷等，均不堪其辱自尽身亡。

多次引用庄子“寿则多辱”的周作人，在如此欺侮之下，仍抱有一丝忍辱偷生的侥幸，为“苟全性命于乱世”，他写信求救于章士钊——有人认为这是周作人“乞怜”。

因为章士钊不仅与他毫无交情可言，还有着很深的过节。早年身为北洋政府教育总长的章士钊，正是被他痛打的“大虫”，从女师大风潮到“三一八”事件，周作人的笔从来没放过“无耻的章士钊”。

实际上，1949年后，周作人为自己的政治或生活待遇，多次上书给毛泽东、周恩来、周扬、康生等人，从没得到过直接的回音。

这最后一次也同样如此。

到了最后时刻，他只得给派出所写信，请求给他安眠药让他安乐死——如其说是求死，不如理解成是最后的求救与求生。

也是他能想到的最后一点让人慨叹的可怜抗争。

我强调这些，并非认为他的求救有什么过错，更不是说他应像老舍、傅雷等人选择自杀才是，而是想说，周作人就是一个性格软弱且特别恋生的人，一个特别怕死的人。

在死与赖活、在死与不得体地活着之间，他和大多数人一样，会选择后者。

6

历史老人也会吃柿子赶软的捏哩

说到周作人做汉奸的无耻经历，我还不免会想，那么多敌占区的百姓们，拿着良民证，在日本鬼子刺刀下过着屈辱的日子。他们为了生计，也必须工作，也会为日本人打工，以此来换取和维持基本的存活。

据1943年国民党中央政府的发布，后方各省市非战区人口总

1936年9月，几位北大教授合影(从左至右)：周作人、马裕藻、钱玄同、沈士远、朱逷先、沈兼士、许寿裳。七人在学界都是名满天下，除周作人附逆日伪，其余都坚守了气节。

数为2亿多人（210569455人）。当时中国四万万同胞，如此推算，在日军占领区内的国人至少在1亿以上。

但是，我们不会也不能指责这些被奴役的百姓，不会也不能要求平头百姓用血肉之躯去以卵击石地拼命。

——当然，假如有人这么做了，那就是英雄，没有这么做，也没有过错。

但是，周作人却没有这样活着的可能。

日本人不答应。

历史老人也不肯放过他。

历史老人——假如真有这么一位老人，一定充当着造物主或命运之神的角色，因此，人世许多无常事件的发生，也有了终极的依托与注释。

可是，名人那么多，他老人家为什么就盯住周作人不放呢？历史老人是不是也难免会有厚有薄，也难免有一碗水没端平的时候呢？

也许，人类太庞大，各色各等的名人也太多，历史老人实在是顾不过来，也无法把这些人一一拿出来做实验，只有随意地，或者是有选择地，挑选其中的极个别名人，来为光荣或罪过作一次无可选择的终极鉴定。

不幸的是，不巧的是，周作人正是在这样生死抉择的关头，被选中了。

谁叫他是周作人，谁叫他是超级文化名人呢？！

要说，历史老人真是目光如炬。

在众多名人中，他老人家独独选择了周作人。他一定是看出了周作人的软弱可欺——原来历史老人也是吃柿子拣软的捏啊。

中国文化重生。恋生和贪生，不是什么难堪的事情。

蝼蚁尚且贪生。没有人好好的却不想活着，没有人不想长生不死地活着。这不是什么见不得人的错误，相反，应该是正大光明的诉求。

要是一般人，为活着忍辱偷生，也不会太打眼，不会引起太多的关注或非议。

可是，名人就不一样。

是名人，就必须领受重托、肩负使命；是名人，就必须可信赖、可追随、可景仰、可效仿；是名人，就必须要有名人的承担，名人的风骨，名人的高度，名人的气魄。

——如果做不到，还是不要做名人了吧。

7

赵薇深刻检讨方才平息军旗装事件。有些事一般人可以，名人就不可以

有些事情就是这样。一般人可以，名人就不可以。

这是通例。并非战乱或历史紧要时刻如此。平时也一样。

不妨再说个近便的例子。

笔者所在的武汉市的珞珈山武大校园内，每年春季的樱花长廊，是人头攒动的胜景。到赏樱那段时间，生意小贩摆出仿制的日本长军刀与和服，为照相者提供租借，旁边还有大型相框展览着几幅照片样品。

笔者曾看到许多年轻人，租了军刀和服之后，摆出各种姿态留影。

本地报纸和网络曾有人撰文感叹或指责，以为这种做法会刺伤国人沉痛的记忆，同时也有彰显日本军国主义之嫌。

可是，说了也就说了。更多人哈哈一笑而过，见怪不怪。

2001年夏天，当红影视明星赵薇在美国曼哈顿为《时装》杂志拍摄春夏服装的宣传照片，其中一张照片身穿单袖超短裙图案酷似日本军旗，在中国大陆引起轩然大波。

虽然有知情人出来说明此事出于无意和无知，与宣扬日本军国主义毫无关联。

但是，谴责之声仍一浪高过一浪，几乎所有的大网站都做了专题链接，报纸电视广播的言论和报道像潮水一般汹涌。

全国最大的抗战文物收藏家樊建川表示，赵薇作为一个被成千上万的青少年崇拜的偶像，这一行为产生了很不好的社会影响，因此，赵薇应该立即就此事道歉认错。

研究抗战历史的专家方军说："无论是赵薇个人还是杂志社，都必须向所有中国人道歉！"

部分南京大屠杀的幸存者联名给赵薇发出了一封公开信，信中说：

在"军旗事件"以前，我们一直认为你是能够用自己的言行影响青少年一代的楷模，是少年才俊的精英……你的这种行为不仅是对我们这些当年受过侵华日军蹂躏的幸存者的羞辱，更是对整个华夏民族的背叛。

随之，有的报纸、电视台提出封杀赵薇。

随之，赵的人气指数和广告价位也直线下降。

此时，赵薇终于意识到事态的严重性，赶紧发表了态度诚恳的道歉信，接着又表情沉重地在电视上公开向全国观众致歉，事件方才逐渐平息。

几年后，赵薇在电视上回忆此事，还一付惊魂未定的样子。

是啊，谁叫她是名人呢。

许多事就这样，一般人可以，名人就不可以。

不是吗？

8

谁叫他们是名人呢？！

再说周作人。

实话说，中国的名人并非都如周作人一般。

在战乱频仍、国难当头的20至40年代，中国的知识分子或文化人，他们的整体表现，是令人满意和值得称道的，是无愧于名人称号的。

不说九死一生奔赴延安，也不说冒着纷飞战火奔赴非战区的政界、军界、文化界及各界的多数名人，即使在沦陷的北平，还有因病滞留的钱玄同，拒绝汉奸劝诱，直至贫病而死……还有在日军占领下不屈死节的吴承仕……还有俞平伯、沈兼士……还有，孟心史、马幼渔、冯汉叔与周作人同为北京大学留平四教授，受托保护北大校产，孟、马、冯三人都守住了名节。

这几位可都是堪称大师的学者！

不仅如此，那一拨知识分子和学人，在他们的著述本业和本位上，贡献也出乎寻常地突出。

倘事搜罗，在中国现当代社会科学著述中，许多经典的开山之作、传世之作，绝大多数是在那二十多年中写出的。

不仅如此，在自然科学界，这一时期培养的人才也非常惊人。

仅西南联大一所学校的师生中，后来成为两弹一星元勋的至少有7位(赵九章、邓稼先、郭永怀、朱光亚、王希季、陈芳允、屠守锷)，还有成为诺贝尔物理奖获得者的杨振宁和李政道，还有成为国内外院士的有200余人（其中171位中国科学院或中国工程院院士）。

这个数字说明，在中国现代史的非常时期和紧要关头，中国的知识分子和文化人，他们在整体上，既无愧于时代，也无愧于自己。

当然，也可以说，没什么了不起的，这是应当的，这是他们应当做的。

谁叫他们是名人。

是啊，谁叫他们是名人呢？！

余秋雨
需要那么多的争议与厌恶吗？

●聪明又富于俗世智慧，才气逼人又懂得和善于挥洒，与盛名相生相伴的，是从未间断的争议或厌恶……

● 篇首附识

像余秋雨这样聪明过人的才子，少年、青年或中年都未曾出人头地，熬到快50岁才名满天下，已经是大不幸了。——与余秋雨的盛名相生相伴的，是从未间断的争议或贬损。——表演性，三个字捉住了余秋雨的基本姿态。也是他让人反感的主要诱因。——在史料引用上的过多失真或硬伤，并不能颠覆余秋雨作品的价值，倒能证明他的学者身份的档次不高，只是一个什么都知道一些的文史杂家。——余秋雨的抒情文字是否过分，比较好的办法，还是交由读者去鉴别或选择。从这个意义上说，所有关于余秋雨的攻击和厌恶，可以不必。

1

与余秋雨的盛名相生相伴的，是从未间断的争议或厌恶。最为尖刻的讥讽，来自朱大可在《抹着文化口红游荡文坛》中提及的一个传闻：

> 据说在上海的一次“扫黄行动”中，警方从某妓女的手袋里查出了三件物品：口红、避孕套和《文化苦旅》。

没有作家不愿意书籍畅销的。畅销未受祝贺，反被转换成含意暧昧的嘲弄，真的是件让人沮丧的喜事。

实话，要说余秋雨的大名全是虚浮的，或者完全是名不符实，恐怕有失公平和客观。

余秋雨的才气是显而易见的，他更像是较为典型的江南才子。

聪明，圆滑，风流飘逸，人情练达，文笔灵动同时又懂得不失时机地挥洒卖弄，才气逼人同时也不乏释放才气的高超能力，既会感受沧桑又能放纵煽情，既能探究学问又会呼风唤雨……

这种人，在任何时代，都会瞅准机会冲出重围，不可遏止地崭露头角，最终成为一颗耀眼的明星。

这样聪明过人的才子，少年、青年或正中年之际，都未曾出人头地，熬到快50岁才名满天下，已经是大不幸了。

要说，自新时期以降，因写作而一夜成名的人已经很多很多了，却很少有人像余秋雨这样，大器晚成还被如此多的批评和声讨所追逼。这种声讨与追逼，几乎成了读书界或文化界的一股不能平息的热潮。

这倒是比较少见，也比较让人费解。

这是余秋雨作报告与讲演时的习惯动作。

最早，曾从天津的《文学自由谈》中，发现好几篇关于余秋雨的评论。令人大失所望的是，那几篇评论的文风过于低劣，几乎通篇都是不讲道理的嘲讽谩骂，以及一厢情愿的强词夺理，完全不能让人感受到智慧的能量与论辩的魅力。不仅败坏了阅读的味口，而且也让人疑心文章背后，还可能躲藏着某种不可告人的动机。

早期的批评中，我看到写得比较好的，当是北大才子李书磊的一篇文章。

李书磊见识过人，一下就击中了要害。

他指出，余秋雨喜欢用“阔大的雄壮的词汇”，以“论文的章法来结构”散文，“用的是社论的节奏与诗的旋律”，“常常因追求华丽和宏大而显得不自然、不地道”，“他用心太多、用力太过了，他的文字有太强的表演性”。

对，“表演性”三个字捉住了余秋雨的基本姿态，也是他让人反感的主要诱因。

2

余秋雨的表演性，与他逼人的才气一样，也是显而易见的。

比如，写到王道士因无知而弄坏了洞窟和壁画雕塑时，他竟

然写道："我甚至想向他跪下。"（《道士塔》）

——太过做作。想不明白的是，干嘛要下跪呢？他代表谁下跪呢？

他一厢情愿地把自己当做了中华文化的最后守护人。

比如，写到苏东坡在官场争斗中失利而受罚时，他写道"绳子捆扎着一个世界级的伟大诗人……整个民族在丢脸。"（《苏东坡突围》）

——照这样说，天才只应在真空里或温室里养大，谁也不能动他的，一动就是民族在丢脸。

别忘了，除了苏东坡，这个民族，还有屈原的投江，还有司马迁遭受宫刑，还有谭嗣同在京城砍头示众等等，都是民族在丢脸吗？

陀思妥耶夫斯基曾陪斩死囚，又惨遭流放，苦难的际遇远甚于苏东坡，这也是整个俄罗斯在丢脸吗？

天才式人物遭遇磨难的事情哪个民族没有呢？

这样的煽情，初看呼天抢地好动人，实则既过分又不得要领。

写别人如此，写自己更无所不用其极。

如写家乡余姚时（《乡关何处》），全篇着力的就是余姚和名人，后来连范仲淹也拉扯进来，因为范仲淹称赞过的严子陵就是余姚人，写到最后回上海则是：

火车外面，陆游、徐渭的家乡过去了，鲁迅、周作人的家乡过去了，郁达夫、茅盾的家乡过去了，丰子恺、徐志摩的家乡过去了……

他的家乡和他的人生之旅，就由这一帮名人扎堆似地护卫着、陪衬着，仿佛这些名人始终在追踪着他、环绕着他。

他真是想不成名人都难啊。

再如，他写他到天一阁之前（《风雨天一阁》），“台风袭来，暴雨如注，整个城市都在柔弱地颤抖”。他竟然觉得这是“在天帝的主持下举行一个狞厉的仪式”。

好家伙，他的到来，竟是感天动地般隆重。不仅天一阁，他所到之处，所到之时，总是这么地巧合，总是这么地天降大任于斯人。

他的自负和自炫，有时真的到了让人吃惊的地步。

在《文化苦旅》的序言中，他如此写道：

一本《文化苦旅》不是余秋雨的第一本著作，却绝对是他成名作。

大地默默无言,只要来一二个有悟性的文人一站立,它封存久远的文化内涵也就能哗的一声奔泻而出。

谁是这样特立独行的有悟性的文人?他没有明说。这正是他的聪明和高明之处。但是,全书中,除了站立在文化苦旅大地上的余秋雨,还有谁呢?

不是他还能是谁!

他的卖弄和表演,他的自炫和自恋,就是这样的欲盖弥彰,这样曲里拐弯但又能确保精准无误地殊途同归。

学者黄惟群曾如此评价余秋雨的才情与过分的自信:

余秋雨的才气不用否认。他胸拥雄兵,潇洒自若、文字组合

《余秋雨现象再批判》封面。此前已有过批判,似乎还有话未说尽,于是有了再批判。

风流飘逸得如入无人之境。他不仅拥有才气还拥有释放才气的高超能力。他的才气和释放能力完全可以供他为自己雕一尊不差的塑像……他把应该用于文学艺术的聪明才智，过多地用于个人形象的演说。他过于相信自己手中的那支笔，相信笔中的水分足够他任意挥洒，相信自己拥有让世人和闪光灯全都疯狂的能力。

当然，他这么写有他的自由，人家看不来要写批评也是人家的自由。

实际上，有太强表演性的，不仅是他的文字，还有他频频出镜时的讲话。

余秋雨的口才绝对的一流。

我看过一次大专辩论会，座上的评委全是名家。每一轮赛事下来，都请一位评委作总结阐述。那一次，其他评委的阐述，都不如余秋雨讲得文采斐然、引人入胜。

自《文化苦旅》出了大名之后，余秋雨的出镜率超高，他以文化学者的身份所作的发言，也有不少显得既不够严谨，也有失水准。

到了深圳，他说深圳是中国文化的桥头堡；在中央电视台为频道加密的谈话中，他说电视的好，在于一个文化信息在瞬间就可以传遍全球。

他对文化的滥用，有时到了不知所云的地步。

余秋雨的表演性，最为过火的，是他在中央电视台青年歌手大奖赛上做评委时的表现。作为评委，他在解答题时，凡是可以抬高身价和炫耀经历的地方，他一定要跑题或离题，大讲特讲一些题外话。

在那历史文化知识大多止于高中（多是艺术生）的歌手面前，在流光溢彩的屏幕之上，他居高临下且游刃有余。

当然，也有很多人认为他讲得好，学到了知识——正如他们在王小丫的《开心辞典》和李咏的《幸运52》中也会学到知识一样。

3

余秋雨本人是学戏剧研究戏剧的。从已有的写作和讲话中，可以见出他在历史文化方面，并没有很扎实的学术根基。

无需专家，一个用功勤奋的历史系本科生，就可以检索出他在这方面的失误。

上海一出版社编辑金文明，他称“是秋雨散文的一个热心读者”，在余秋雨的散文中发现了“大量文化、历史方面的知识差错”，写了一本《余秋雨散文文史差错百例考辨》，还只仅限于《文化苦旅》和《山居笔记》两本书的文史差错。

可是，余秋雨是从不认错的！

不仅不认，他还称那些咬着他不放的人为“咬余专业户”，说这些人是“借着名人在完成一种自我精神补偿”，一句话，是借名人为自己扬名。

天哪，怪不得那么多人想成为名人，原来，一旦成为名人，就拥有了不被批评的豁免权。

因为，你批评名人，你就是“咬”，就是借名人为自己做“补偿”。如此，名人漏洞百出，名人千般不是，都行。谁说了，谁就首先自证有问题。

有了这样的理论垫底，名人的骄横也就在所难免。

在一切出镜的场合，他都是高蹈在上，潇洒飘逸地指点江山。他总是那样自信，似乎在竭力维护一个高端学者或一流大师的形象。

他自称是不上网、不用手机、不看报的三不人士（实际上一切都有助手在代为打理）。他在接受电视、报纸采访时就说：“我要对那些批评我的人说一句抱歉：你们遇到了一个完全不看任何批评的人。”

批评可以不看，被指证确凿的上百处差错，也不看。

真的不看？

其实，所有具有表演欲和卖弄欲的人，绝对是离不开受众的，他们最需要的，就是受众。

所有的表演和卖弄，都是做给人看的啊。离开了受众，他们就成了竭泽后的鱼。

印象中，余秋雨曾先后两次提出过封笔。还曾发布过“彻底告别中国文化界”的宣言，有过非常抒情的告别辞。

李美皆一针见血地指出：

封笔还要宣布吗？你不写自然就封了……退出文化界的话音刚落，又传出他担任大专辩论赛评委的消息，先前那些话全变成送给自己的耳光了。看来还是恋恋红尘呀。树能静吗？风会止吗？……越来越流露出小男人的本质：聪明而不大气。聪明必须在某种胸襟大气的统驭下方能为个人增色，否则只能沦为令人厌恶的小聪明，多不如少，有不如无。

真是一语中的。就我所读，批评余秋雨的文章，写得最好的，是李美皆的《余秋雨事件分析》——此文载于《文学自由谈》2004年第6期，后改题为《余秋雨的矫情和尴尬》，网上可以搜到。

4

余秋雨最擅长的，应该还是写作。

学问或学术只是他写作的出发点，是写作的资本，正如有人凭借丰富生活阅历写作一样。

个人以为，史料引用上的过多失真或硬伤，并不能颠覆他作品的价值，倒能证明他的学者身份的档次不高——只是一个什么都知道一些的文史杂家。

余秋雨的多数散文，均以人文地理为写作题材。一些较为通用的史料和掌故，经他为我所用的一番驱遣和极尽渲染，立马蓬荜生辉。这是他过人之处。

至今，我仍然觉得，余秋雨散文中的少数佳作，该是文中之上品，即使称作20世纪白话散文的收获之一，也不过分。

仔细一想，精通并且严谨于史实的人，往往做不出飘逸灵动的文章，而文章做得飘逸灵动的人，又往往经不起史家们严谨的度量和审查。

这是通例。即使许多大师，也概莫能外。

表演性也好，卖弄也好，文史差错也好，不认错也好，封笔也好，告别也好……敏感于此的、不喜欢或厌恶余秋雨的，多半还是文化界或知识界的人士。

一般读者，好像倒没觉着多么要不得。

毕竟，余秋雨还是有表演得恰到好处的时候。

余秋雨的抒情文字是否过分，比较好的办法，还是交由读者去鉴别或选择。

退一步说，能把情感抒发得这样子做作，能把文章做得这样子卖弄，也是一绝啊。

文坛需要这样一个品种，文人也要这样一个标本。

从这个意义上说，所有关于余秋雨的攻击和厌恶，可以不必。

朱大可

一次离谱的讲座和一些炫技的辞章

●一个留洋哲学博士，他的文化讲座竟然有些离谱，他的炫技辞章让人既感佩又遗憾……

● 篇首附识

评价朱大可，有许多美誉：敏锐的洞察力和非凡的话语创造力；一种感性和理性交织的隐喻式书写；以标新和立异的风格成为文坛的异数等等。——有次听朱大可的讲座。只听了约七分钟，就再也听不下去了。——他的文化批评，有着近于病态的炫技和命名嗜好。似乎每句话都要奇崛和艰深，每句话都要有概括性的词语配方。——词不惊人誓不休，句不惊人誓不休，朱大可的写作精神，既让人感佩，也让人遗憾。一般，喜好词语炫技的，多半在义理上，会有所亏欠。辞章和义理，两项全能，双料冠军，独步于天下，这种两全其美的事，即使大师之中，也极少极少。

1

致力于文化批评的朱大可，有许多别称：酷评家、文化恐龙、先锋文化的重要代言人、一位有语言洁癖的人、秉承独立立场的批评家、当代负有盛名的文化批评家和学者……等等等。

评价朱大可，也有许多美誉：敏锐的洞察力和非凡的话语创造力；一种感性和理性交织的隐喻式书写；以标新和立异的风格成为文坛的异数；诡异般的瑰丽文字迷宫；奇怪的话语实验极大地扩张了语言的力度；他的每一次发言都像一道闪电……等等等。

也有很多人认为，朱大可的写作过于夸饰，过于迷恋惊人之语和炫技。

但，不可否认的是，在一个批评环境缺少胆识和诚实态度的年代，朱大可的批评，有着难能可贵的尖锐和锋芒，他的语言所迸发出的才子气，还真不乏“诡异般瑰丽”的诱惑力。

2

2007年6月初，朱大可到武汉市图书馆的百家讲坛，作题为《大众文化的历史与现状》的讲座。

离我上班的地方，不过两站地。零零星星地读过朱大可的几篇文章，还喜欢，原本想去听听，结果那天有事错过了。

过了两个星期，教育电视台放了实况。我按时打开了电视。

让我没想到的是，只听了约七分钟，就再也听不下去了。

这真的很让我意外。

朱大可的讲座内容，他的描述是：

从身体解放开始，一直讲到精神危机，由此来看大众文化的整个的发展线索。

这个开场白，有点别开生面的味道。到底是朱大可，到底是“著名文化学者”。

好。往下听，接着的一句话是：

身体作为大众文化的核心，它是摆在我们面前的一个有意思的话题。

没听错，荧屏上有字幕哩。

我纳闷。

大众文化的核心，是身体吗？这个结论是怎么推导出来的？

第一次听说，文化的核心竟然不在精神方面，也与意识无关，更与知识没有瓜葛。

文化的核心，原来只是肉身而已！

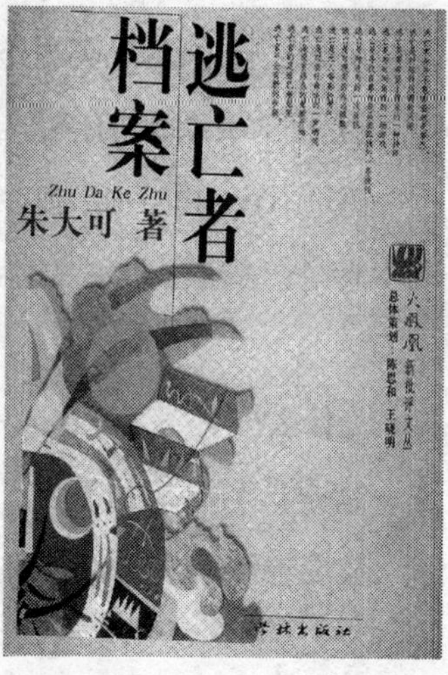

朱大可著《逃亡者档案》。此书为《火凤凰新批评文丛》之一种，文丛由陈思和、王晓明总体策划，巴金题写名称。这本书特约编辑李东在《编辑后记》中说："朱大可出第一本书时，就有人跟我说读不懂。"他认为，读朱的书，需要一定的智力和耐心。

文化的含义应该是清楚的，所谓文化，当然是精神财富或知识财富，是人类观念的创造物。

虽然，这里前缀了“大众”二字，但大众只是相对于精英而言，大众文化也好，精英文化也罢，主语都还是文化啊。

为什么它的核心会是身体呢？

朱大可没有解释。这是他的习惯，他写的文化批评，我看过一些，印象也这样。

他从来只管下定义，只管为他所说的事情不断地命名。命名——各种诡异的、瑰丽的、标新立异的命名完了，文章也就结束了。

过去不解释，可以理解。因为他曾庄严地宣布过：“我只为少数人写作。”

有着留洋哲学博士学历的朱大可说的少数人，当然是少数高端知识分子。既为精英写作，不解释就不解释吧。可这一次不同，这是面对大众的讲座啊。

还是不管。再听他如何往下讲吧。

他说：“在古典主义时期，身体是一直被嘲弄的一个对象。”

为什么？

他终于举例说明了。

我没想到，他指的古典主义时代，竟是安徒生的童话《皇帝的新衣》。

童话？从虚拟的童话中找例证？改用一句俗语，我见过偷懒和取巧的学者，只是没见过如此偷懒和取巧的学者。

童话真够得上古典了。用虚拟的童话来印证古典主义时期的生活状态，自然是最便捷的上佳选择。

他在三言两语说了这个童话故事之后，质问道：

我们有没有问过，他（皇帝）有没有不穿衣服的权利？可是他不穿衣服，他就受到大众的嘲笑。

童话《皇帝的新衣》中的围观者，明明是在嘲笑，皇帝没穿衣服却自以为穿了，嘲笑皇帝明明被假象骗了还浑然不觉。

他们怎么是在嘲笑皇帝的身体？

这个童话（天知道童话说的是哪个朝代），根本无法证明那个“古典主义时期身体是一直被嘲弄的一个对象”。

可是，朱大可却一厢情愿地让一篇童话完成了一个不可完成的任务。

接下来还有更离谱的。

他说：

以上海为例，茅盾写《子夜》时，他描述了一个乡下的吴老太爷，他儿子把他接到城里来，经过南京路的时候，哇，这个不得了，看见光怪陆离的霓虹灯受不了，当场中风，送到医院不久就死了。这是发生在南京路上的第一桩霓虹灯谋杀案。

听到这里，我惊住了。

朱大可竟然将虚构小说中的情节，当作史实来讲。

在将虚构的情节直接置换成生活实例之后，他心安理得地再将这一事件命名为“南京路上的第一桩霓虹灯谋杀案”。

这真是比前面还要匪夷所思。

《子夜》开头，即是吴老太爷之死。这个故事比较经典，也是大家熟知的。

可是，茅盾写的这个故事素材，是怎样来的？是以真实故事为基础虚构的，还是根据小说需要想象出来的？

这要考证。

新建的武汉图书馆是武汉市的标志建筑之一。本地举办的《名家讲坛》就在这里举行。

如果有事实根据，朱大可理应查找事实原型作例证，然后再查明这是否“第一桩”。这是做学问的基本功，这是学者的起码责任与义务。

如果是虚构的，朱大可命名的“第一桩霓虹灯谋杀案”，就是胡说八道了。

我看过朱大可的简介，他是留洋的哲学博士，是上海同济大学文化批评研究所教授，是“著名文化学者”。

怎么全不像一个具有基本学术训练的人?

依稀记得，好像是方舟子与朱大可打笔仗，方曾批评朱：

连基本的资料寻找、查对工作都不屑去做。

朱大可解读大众文化的标本，不是取之于大众所创造的文化事实，也不是取之于现实中真实发生过的生活事实，却是虚拟的童话，或是虚构的小说。

这实在太荒谬、太不可思议了。

他说上海，以小说《子夜》为例，他要是说香港，若以张爱玲的《倾城之恋》为例，也许会得出“这是第一桩发生在香港的由城市倾覆之灾而引发的婚姻拯救事件”?

天知道!

我关掉了电视。

3

由此，想再说说对朱大可文章的感受。

还记得，初读朱大可，就为他奇瑰的造句方式暗暗感叹。

同时，也会感到有点缺憾。

因为，整篇读下来，总觉着有些华而不实。掩卷之后，留下深刻印象的，总是其修辞的华表。用古人评文的话说，是文胜于质，意旨远不及词语饱满。

也许，他有好文章，只是我读得不够多。

就我读过的一些而言，他文章的优劣都比较明显。

试举我读过的《赵饶案：绯闻消费的文化解读》一文为例。

此文较明显地代表朱大可的特征。说的又是饶颖状告赵忠祥的性骚扰案，是现实生活中发生的，在中国差不多也是"地球人都知道"的事件。

朱文开篇，就是结论式的命名：

"赵饶案"正在成为2004年度中国娱乐业的一大盛事。

……这是继台湾璩美凤案之后华语世界的又一轮大规模娱乐消费运动。一件三流的民事诉讼，迅速演变成了对社会名流进行

"偷听"（偷窥）的全民狂潮。这一绯闻把人们拉向消费时代的核心。酷语（暴力话语）和色语（情色话语），是当下流行话语的两大支柱。我曾经说过，马加爵是一场暴力话语的媒体狂欢，而今天发生的赵饶案，则成了情色话语的狂欢，它们从两个不同的方向，勾勒出中国娱乐业的总体地图。人们看到，在木子美情色日记和竹影青瞳裸照之后，色语正在奔赴一个新的性高潮。毫无疑问，性高潮的迭起，就是中国娱乐业的基本现状。

后面的段落，也是由批量生产的一大堆命名组成：

"语词消费"的文化狂欢……录音带激活互联网的反讽机制……制造出大量的戏仿作品……构成了新的深度消费模式……获取文化解构的快感……展露了官场权力学的通用逻辑……话语细节点燃了公众的怒气……他的字正腔圆的温柔声音，正是威权主义美学的象征……整个诉讼演成一出准官场的马拉松喜剧……也暗示着国家主义的全球解构浪潮……官场的玻璃化效应，以及公众权力的这种奇特泛化……

这只是一篇不过千字的文章。

只要拜读过朱大可的几篇作品，对上述构词造句，一定感到似曾相识，免不了会心一笑。

外文式的语法连缀，大量新理论术语的奢华排列，大胆的结论，雄辩夸饰的文风……

不过，不能不承认，他总是能敏锐地抓住事物的薄弱环节，然后赋予他惯用的新奇界定或命名。

就是这样。

他的文化批评，有着近于病态的炫技和命名嗜好。

他似乎从不肯写下一个老实的句子，似乎每句话都要奇崛和艰深，每句话都要有惊人之语，每句话都要有概括性的词语配方。

从文章的第一句话开始，他就不间断地为他描述的事情而匆忙命名，直到结尾——命名结束，文章也就结束了。

全篇读毕，除了不停地作出总结似的判断和评估，除了目迷五色的词语罗列，除了强行捆绑的结论串烧，除了匆忙铺排的新奇的学术命名，还有什么呢？

2007年6月朱大可在武汉图书馆的名家讲坛上。

如果还有，就是他左冲右突近于虚脱的身影了。

很多时候，他陷入自设的话语深渊不能自拔。

为了应付频繁的词语使用，他不得不大量地自我复制。倘事搜罗排列，在他的许多篇章中，都可以找到许多相近的词语搭配。

读他的文章，很难看到分析，看到逻辑地说理，看到由此及彼的演绎过程。当你耐心地剥离了语言的华表之后，常常看到的是，一片斑驳零乱的意义碎片。

词不惊人誓不休，句不惊人誓不休，朱大可的写作精神，既让人感佩，也让人遗憾。

称许和欣赏朱大可的人，大多是看重他语言的奇观。

批评家谢有顺发过感叹：朱大可很可贵也是很重要的一点是，他创造了一种评论文体，十分奇崛，别人很难模仿。

其实不然。作家王安忆说过，越是有特点的语言，越易模仿。

朱大可的句式也不例外。

朱大可的话语方式，有人称之为“朱语”。他的身后，簇拥着一拨坚定的拥护者和追随者。

这些朱迷们，写作上几乎成了他的高徒，模拟他的笔法已经到了如出一辙的地步。他们为他写的评论或推介词，也沾染了他的用语习惯（如本文开头所引的誉词）。那些评论他的文字，与他本人的写作，几乎达到以假乱真的地步。

4

前面已经说过，也许，朱大可有好文章，只是我读得不够多。我能说的，只是我读到的。

一般，喜好词语炫技的，多半在义理上，会有所亏欠。

辞章和义理，两项全能，双料冠军，独步于天下，这种两全其美的事，发生在一个人身上，即使大师之中，也是极少极少——那是上帝特别呵护与惠顾的宠儿。

从朱大可的离谱讲座和文章阅读中，就可以感知，他不在极少极少的那一拨人中间。

虽然，简历上说，朱大可研究过神学，好像神并未在这一点上助他一把。

第二辑

越界与起舞

鲁迅

人所具有的一切我无不具有

●鲁迅之后的文人，眼界与见识，远不及鲁迅，大约是鲁迅至今无人超越的主要原因之一……

● 篇首附识

鲁迅是伟人，但不是完人。王朔在《走进鲁迅》中说了几句鲁迅的坏话，招来一片惊慌与围剿。其实，王朔文章的材料和识见，并没有什么新鲜含量。——读了当年那些攻击鲁迅的文章，也许会更明白，鲁迅何以要“痛打落水狗”。所谓鲁迅的弱点，正是他优点的延长，没有那弱点，或许同时也没了那优点。鲁迅生前，曾不止一次撰文表示，要把攻击他的文章编成一书，供世人作比较阅读。——后继的学者，包括那些挥舞维护鲁迅大旗的后继者，他们的眼界与见识，就远不及鲁迅了。这大约也是鲁迅至今也无人超越的原因之一吧。

1

人所具有的一切我无不具有。

这句话不是鲁迅说的，是马克思说的。

既然用了这个题目，就得从马克思说起了。马克思虽然是西方人，在中国，他是比鲁迅更家喻户晓的人物。

作为一个中国公民，这是一个必知的人物。因为，他和恩格斯创立的马克思主义，不仅是中国共产党建党建国的指导思想，还是进入21世纪以后继续建设中国特色社会主义的指导思想——这些都写进了中华人民共和国宪法和中国共产党党章。

这个分量，自然比鲁迅还高。

过去，我们对马克思的印象，是十全十美的完人。

比如，他在极度的生活贫困中仍不放弃思想研究；比如，他在伦敦大英博物馆看书的座位下面的地毯上，磨擦出两条长长的足印，从而成为他刻苦研究的历史见证；比如，他与燕妮的爱情，一个是市民子弟，一个是贵族小姐，从他们私自约定终身到结合，历经长达七年的爱情长跑，马克思致燕妮的书信，情调缠绵、热烈与真挚，一直是中国人熟知的经典情书。

所有这些，都与我们对伟人的期许相符。

我们过去，确是把马克思当做一尊神，一尊超拔的与平常人绝不相同的神。

至于马克思说的“常人具有的一切我无不具有”，这句话，我们也知道也引用，但那好像只是用来证明伟人的自谦或低调。

不过，也有人引证这句话，是用来为自己的劣迹辩护或者开脱。正如成龙为婚外情所作的检讨：“我犯了全世界男人都会犯

由鲁迅博物馆馆长孙郁编的《被亵渎的鲁迅》一书1994年印行，收录了鲁迅生前与逝后，受到攻击与影射的主要文章。其中有郭沫若、梁实秋、周作人、陈西滢、叶灵凤、施蛰存、苏雪林、成仿吾、高长虹、冯乃超、阿英、徐懋庸等人共45篇文章。

的错”。把全世界的男人和他一并捆绑打包，与把自己与伟人粘贴在一起，其原理和效用等同——都是通过粘贴和置换，让自己的错误变得情有可原和难以撼动，让受损方的恨意渐渐转化成默认与接受。

事实上，马克思说常人具有的一切我无不具有，还真不是自谦。

英国肯特大学政治学教授戴维·麦克莱伦著《马克思传（插图本）》（1973年初版，1995年第三版，中译本也于2006年由中国人民大学出版社印行），可说是英语世界最权威的马克思生平、思想研究文献。

作者在自序中指出：

许多论述马克思的著作都受到各种政治斧钺的削磨。……我所尝试做的至少是要客观公正地写作……避免陷入要么偶像化，要么玷污的两个极端。

全书既充分展示马克思是一位罕见的伟人和思想家，同时也不为尊者讳地写到他曾经有过的弱点或污点。

我们过去读到的马克思传记的译著，多是删节本，而这本“全译”则为我们打开了马克思个人生活的另一面。

麦克莱伦对马克思这另一面的描述是：

年轻时马克思酗酒、打斗，因此曾被学校关禁闭；他性情急躁，有时爱发脾气，对任何反对他的人都很蔑视；更为严重的是，还有婚外情——他在32岁时曾瞒着他夫人燕妮与保姆私通，并于1851年6月生下一男孩。最后是终身未婚而拥有情妇的恩格斯，假称这是自己的私生子，并出资交由他人抚养。

——不说一般读者，据说译者王珍女士，翻译到这小部分内容时，曾有过“三天三夜想不通”的思想纠结。

所有这些，与其认为是猛料，不如看做常识更有益于心智。

就像明亮或不明亮的眼睛都必然会有眼屎一样，就像再伟大或再不伟大、再完美或再不完美的人都会有肚脐眼一样——要是说一个人完美得连肚脐眼都没有，那就是在骂这个人了，想想，连肚脐眼都没有，那还是从娘肚子里生出的吗？那还配是人吗？——只要是爹妈生的，只要有吃喝拉撒七情六欲，就不免会沾染世俗的凡尘与污垢。

曾经有过的疵点，并未影响马克思在有着意识形态差异的西方世界的声誉排名。

2000年英国广播公司评选千年最伟大的思想家时，德国的马克思仍然名列第一。

近百年，在多次全球性的思想家哲学家的评选中，马克思一直是榜上不可或缺的重磅人物。

笔者随意在Google网上敲入世界思想家哲学家，在成千上万的搜索词条中，马克思的名字在第一页面就有了。搜索词条在页面的位置，是由被搜频率的多少来自动排序的。可见，在21世纪的网络时代，马克思仍然是炙手可热的名字。

2

再来说鲁迅就比较好办了。

之所以想到鲁迅，是因为上海的《收获》杂志，2000年开了个《走进鲁迅》专栏，自称“我是流氓”的王朔，在第二期上写了篇《我看鲁迅》。

整篇文章，除了再现王朔过人的聪明、过人的讥诮本能外，没有提供什么新的因素。

让我觉得不快的，还不是王朔的大胆或痞气，而是接踵而至的一片哗然和愤怒。好像出了一件天大下之大不韪或者大逆不道的事情。

关于人不能十全十美，鲁迅讲过和马克思相似的话。

他说：

> 倘要完全的书，天下可读的书怕要绝无，倘要完全的人，天下配活的人也就有限。

关于他自己，他比马克思下手更凶狠、更决绝。

他甚至说：

我觉得古人写在书上的可恶思想，我的心里也常有……我的思想太黑暗……

除了鲁迅，还很少有伟人或名人如此自剖。

鲁迅生前最讨厌庸俗，也最反感别人拿他当偶像来捉弄驭用。问题是，鲁迅不在意的事情，在崇拜者那里，或者在鲁学家那里，却是非常在意的。

鲁迅的崇拜者，或者是某些鲁学家，应该是知道鲁迅的态度的，他们把鲁迅捧上神坛，甚至连鲁迅的弱点都加以"神化"，不容他人染指。他们这么做，很难说全是为了鲁迅。

明眼人一看就知道了。可叹的是，由于他们的捍卫过度，换来的，有时是病态的逆反和偏执的责诘。

这恐怕是捍卫者本人都没料到的。

说到鲁迅的性格弱点，或者说鲁迅的弱点也没什么大不了的。比如多疑啊，比如尖刻啊，比如孤僻啊等等，就是说了，就是认了，又有多大的事啊！

既是学术研讨与争鸣，则可以各倚仁智，不必听见难听的话就跳脚。

在鲁迅生前，在鲁迅未成为伟大的文学家、伟大的思想家、伟大的革命家之前，他的论敌对他的作品与性格弱点的攻击，几乎是无所不用其极。

由鲁迅博物馆馆长孙郁编的《被亵渎的鲁迅》中，随便一翻，所收文章对鲁迅的贬损与攻讦，比动物更凶猛。

在《死去了的阿Q时代》、《死去了的鲁迅》中：

鲁迅终竟不是这个时代的表现者，他的著作内含的思想，也不足以代表十年来的中国文艺思潮！……现在的时代不是阴险刻毒的文艺表现者所能抓住的时代，现在的时代不是纤巧俏皮的作家的笔所能表现出的时代，现在的时代不是没有政治思想的作家所能表现出的时代！无聊的思想，刻毒的漫骂，此外，我们在鲁迅的著作里，究竟还能找到些什么？

鲁迅（左）与萧伯纳（中）蔡元培（右）的合影，从这张合影中，大致可看出鲁迅身材较矮。

在《鲁迅愿作汉奸》中：

日本之搜罗破坏中国现政府者……金钱报酬更高，况乎还有保障。因此鲁迅即搜集其一年来诋毁政府之文字，编为南腔北调集，丐其老友内山完造介绍于日本情报局，果然一说便成……现此书已由日本同文书局出版。

还有，如《鲁迅的狂吠》、《“除掉”鲁迅的“除掉”！》、《文艺战线上的封建余孽》、《鲁迅卖狗皮膏药》，等等等等，光看标题，就足以让对此一无所知的人心跳加速。

鲁迅生前，曾不止一次撰文表示，要把攻击他的文章编成一书，供人们作比较阅读。

鲁迅比谁都清楚，他从不相信世上真有所谓完人，也不留情面地解剖过自己的弱点，同时也不惮于论敌的围剿。

绍兴是鲁迅的故乡，如今已是全国知名的旅游景点。

想想，让世人看到一切后，让一切都暴露在阳光下。于是，哪些是人所难免的性格弱点，哪些是捕风捉影的诬陷，哪些是无聊的恐吓与辱骂，不是更容易分辨么？不是更少一些盲从轻信、更少一些故作耸人听闻的揭秘、更少一些不食人间烟火的编排与塑造吗？

3

比较最见高下。

我少年时既逢“文革”，能看的书，只有鲁迅。

当时，在1949年以前的民国时期文学中，只有鲁迅的著作具有革命文章和纯文学的双重身份，是唯一可以公开阅读的作品。

在只有鲁迅时读鲁迅，真不知道他的作品有多么好。

到1980年后的新时期，梁实秋、沈从文、张爱玲等等，忽啦啦地如一夜间重放的鲜花。初看那闲适，初看那趣味，初看那风情，就觉得，鲁迅的小说太枯瘦，杂文太战斗，与平凡的生活太遥远。

过了那一段阅读蜜月，再回头重温鲁迅，我才觉出鲁迅的分量——论对中国文化的整体认知和体察，论对国民劣根性和人性弱点的批判，鲁迅所显示的犀利性和洞见性，鲁迅作品所达到的深度，至今还真是无人企及。

在这一点上，20世纪中国所有的思想家和文学家，恐怕都不能与之同日而语。

事实上，读者和时间，都没放弃和忘记鲁迅。

2000年的世纪之交，中国大陆和香港，先后举办了20世纪最受欢迎或最有影响力的百部作品评选，鲁迅的《阿Q正传》均位列第一。

因特网上，评选20世纪最伟大的中国作家，鲁迅的排名仍然靠前。

一个人的伟大，是无须扶持、无须炒作、无须打造、无须亲友团、无须啦啦队的，只有不必借助这些"无须"，才是真正的伟大，才是可以传世的伟大。

鲁学家张梦阳在看了王朔的文章以及引发的哗然后说：

> 鲁迅是不用人保卫的。倘若一无人保卫就会倒台，也就不成其为鲁迅了。

这话说得真好。

4

在鲁迅生平，有几件事，听上去似乎触目惊心，其实也没必要捂着。

不妨一一说来。

关于鲁迅不肯或不敢做刺客。

葛红兵曾公开撰文质疑："他真的是这么爱国吗？既然爱国，他为什么要拒绝回国刺杀清廷走狗的任务？徐锡麟，他的同乡能做的，秋瑾，一个女子能做的，他为什么不能做？难道他不是怯懦吗？"

不做刺客的事是真的。他先答应做，后来又反悔。

王晓明在《无法的人生——鲁迅传》中的解释是：

> 刺客，需要具备特别的心理素质，其中关键的一条，就是要能信赖集体，将自己完全交出去。鲁迅虽有报国的热情，却不是一个愿意将自己完全交给别人的人，原因很简单，他不能无条件地相信别人。即便一时冲动，时间稍长，他对卑劣人心的体验，对一切冠冕堂皇的东西的习惯性怀疑，势必会一点一点瓦解他的冲动，使他重新犹豫起来。

这解释真的是有水平。

鲁迅的维护者们，但凡关乎鲁迅，不论性格小事，还是生死进退，他们的猜测和解释，总是朝有利于鲁迅方面转动。

难道，这里面，就没有一丁点怯弱的成分？鲁迅既然是人，他怎么就没有过怯弱的时候或怯弱的闪念呢？

鲁迅这一次可能就是怯弱了。这是问题吗？

先不说暗杀是低劣的革命手段，就说鲁迅凭什么一定要选择暗杀的方式来参加革命呢？他不是军人，他也并不是身怀绝技，他身高不过1.56米。

是的，别人去了。他有不去的自由吗？他有选择的自由吗？他可以怯弱一下吗？

评说伟人或名人，在中国，尤其要厘清一个认识前提，即引用马克思的那句名言。

鲁迅是伟人，可他是完人吗？如果是完人，他肯定是不能有怯弱，因为，既是完人，就不应有任何缺点。如果不是完人，则可以有怯弱。

世无完人，马克思不例外，鲁迅同样不能例外。

关于全盘否定中医。

这也是事实。鲁迅曾痛骂中医（其实，何止鲁迅，近现代名人中如严复、梁启超、梁漱溟、陈独秀、郭沫若、当代的批评家李敖、科学院院士何祚庥，都骂过或责斥过中医），鲁迅称中医为骗术，这是他的偏见，是一个错误的判断。

鲁迅没有口含天宪，他的话也不句句是真理。说过错话的鲁迅，才更像一个有肚脐眼的、活生生的、站立在大地上的人。

关于鲁迅的日本友人。

这是事实，鲁迅确有几位日本友人。

他在病重之时，决不看中国的中医或中国的医生，仍然请日本医生来给他看病。他和在上海开店的内山完造的私交也不错。他深情地写过日本的藤野先生。

还有，日本侵略东三省，国人抵制日货，掀起排日反日的浪潮。

他在1931年11月写道：

在这排日声中，我敢坚决地向中国的青年进一个忠告，就是：

鲁迅的雕像，在中国的很多地方都可见到。

日本人是很有值得我们效法之处的……我们自己有什么？除了墨子为飞机鼻祖，中国是四千年的古国这些没出息的梦话而外，所有的是什么呢？……我们无须再看什么亡国史了……我们应该看现代的兴国史，现代的新国的历史，这里面所批示的是战叫，是活路，不是亡国奴的悲叹和号咷！

有人因了他与日本的关联，竟诬他为“汉奸”。可是，全无证据。只是捕风捉影的猜测，只是没有证据的信口雌黄。

有人说了怎么办？

堵嘴不是好办法。倒让我想到前不久发生在香港的一个例子。

有人声称掌握了某女明星与某问题男星的性照，意欲陷这位女明星于不堪，情急之下，女明星当众悬赏，只要有人拿出真实照片，她奖励一亿元。那些谣传与鼓噪，马上就风息浪止，彻底灭掉了。

假东西，都是见光死的货色。此处，可仿效之。一个商业主义时代，巨额奖赏下的空白，比一万篇辩解文章，更具说服力，都是无声胜有声的永恒证据。

个人以为，捍卫或维护鲁迅，首要的是，话都摆在明处，不必一涉及争议或敏感话题，就捂着不让说。

事实上，越捂越让人觉着有鬼，越捂越容易引起不正常的反弹。

鲁迅从来就见不得“捂”，称之“瞒和骗”。

实际的情况是，伟人或名人自身，倒无法把一切都捂得严严实实。所谓尊崇心理，更多地来自于我们的文化习惯或思维定势。

古语：为尊者讳，即是对这种集体无意识的行为描述。

讳莫如深之后，也就打造了完美，也就为设置光环铺平了道路。久而久之，没有光环的伟人名人，倒不成其为伟人名人了。

两千多年来，中国人深受内圣外王的思想浸淫。一个人，只有内在的道德修为如圣贤一般，才能成为事业的“王者”；反之，凡做出一番事功的英雄或楷模，也必定是道德高尚完美之人。

至今，人类进入21世纪，在我们身边，在我们周围，即使一个单位评选年度劳模先进，仍然有人会找出入选者曾经的劣迹来加以否决。

所以，曾经，从监狱出来的人，还叫刑满释放犯；右派受罚重返岗位后，还叫摘帽右派……犯过一次错，终身都入了另册。不像某些国家，过去的劣迹，只要是因此受过处罚的，都不会影响到他的现在，即使是当选总统。

莎士比亚说过一句话：上帝造人，先让他有了缺点，他才成为人。

这世上，谁不曾，又有谁能担保自己永不犯有过失或过错啊!

有一个理念，尤其需要强化，即：一个人犯有过失或过错之后，决不能，也决不应遭受重复处罚。不然，任何人在有了过失或过错之后，就只能破罐破摔了。

这是题外话了。

5

一种习惯和定势，也非一日之积淀。

要改变，可能需要一个较为漫长的渐进过程。不要说一般人，就是当代那些眼光较为开阔的学者，骨子里或下意识里，也难以脱离“为尊者讳”的窠臼。

上海复旦的陈思和，他在《三论鲁迅的骂人》一文中说：

我不能不遗憾地看到，鲁迅研究领域确实有许多所谓的研究者正掮着莫名其妙的“维护鲁迅”的大旗，把鲁迅继续定格在政治符号的框子里，而使之与现实生活隔离开来。我一直不明白我们的专家为什么不能接受一个因丰富生动而说不尽的平民鲁迅？如果普通大众（包括知识分子）不能七嘴八舌地任意议论对鲁迅及其作品的好恶，那么，怎么使今天的大众（包括知识分子）来关心鲁迅和接近鲁迅？又怎么能使鲁迅从高高的政治偶像的框架里走下来，走进平民社会，来继续倾听和表达乘凉闲话中的阿金们的家常哀乐？

很好。

可是，接下来，在具体谈到《走近鲁迅》专栏文章时，他又写道：

我不喜欢也不赞同王朔、冯骥才两位先生的言论……不够严谨的自由发挥和故作惊人之谈。

可见，陈思和也是有着非常严谨的限制的，所谓“七嘴八舌”，所谓“任意议论”，都还只是一种姿态，一旦遭遇具体事例，习惯和定势仍左右了判断能力。

《走进鲁迅》一类的书不知出了多少本，但谁都不敢说我们已经真正认识了鲁迅，我们只能认识我们认识中的鲁迅。

实际上，王朔那篇发在2000年第二期《收获》上的《我看鲁迅》，他说的那些，自以为很新锐，实际上，文章的材料和识见，并没有什么新鲜含量，也差不多是常识了。比之前面引述的那些论辞，比之那些论敌动物般的凶猛，还差一大截哩。

我看，即使再有几本攻击文章的汇编，也无损于鲁迅的伟大，读之，只会更明白，鲁迅何以要“痛打落水狗”。

所谓鲁迅的弱点，正是他优点的延长，没有那弱点，或许同时也没了那优点。

王朔在文章中，有句话说：倘若鲁迅此刻从地下坐起来，第一个耳光自然要扇给那些吃鲁迅饭的人脸上，第二个耳光就要扇给那些“活鲁迅”、“二鲁迅”们。

这句话，倒像是鲁迅的知音哩。

鲁迅的高明和伟大之处，正在于他的清醒。

后继的学者们，包括那些挥舞维护鲁迅大旗的后继者，他们的眼界与见识，远不及鲁迅。

这大约也是鲁迅至今也无人超越的原因之一吧。

沈从文：
从一厢情愿开始的婚恋长跑

●太太是经典美女，沈从文无疑是婚恋的受惠者，太太却是从无爱开始，直到他逝后，才真正理解了他……

● 篇首附识

现代文化比当代更具魅力，梁实秋笔下，沈从文给张兆和的情书有一句粗陋话：“我不仅爱你的灵魂，我也要你的肉体”。——张兆和是经典美女，她在日记中说，她对沈一直就“没有爱的感觉”。——婚后的沈从文，写出了中国现当代文学史上的传世之作《边城》。他在给张的信里说：“没有你，也就没有这些文章了。”从这个意义上说，沈从文是这场婚恋的受惠者。——沈从文逝后，张兆和在1995年8月23日晨写道：“真正懂得他的为人，懂得他一生承受的重压，是在整理编选他遗稿的现在。过去不知道的，现在知道了；过去不明白的，现在明白了。”这个结局，既让人高兴，又让人遗憾。

1

我个人认为，现代文化之所以比当代更具魅力，原因之一，就在于许多名人的轶事，听上去就饶有兴味。

关于沈从文与张兆和的故事，最早是从梁实秋笔下，读到一则轶闻：

由于徐志摩的吹嘘，胡适之先生请他（沈从文）到中国公学教国文……从文因授课的关系认识了她（张兆和），而且一见钟情。凡是沉默寡言笑的人，一旦堕入情网，时常是一往情深，一发而不可收拾。从文尽管颠倒，但是没有得到对方青睐。他有一次急得想要跳楼。他本有流鼻血的毛病，几番挫折之后苍白的面孔愈发苍白了。他会写信，以纸笔代喉舌。张小姐实在被缠不过，于是有一天她带着一大包写给她的信去谒见胡校长，请他做主制止这一扰人举动的发展。她指出了信中这样一句话："我不仅爱你的灵魂，我也要你的肉体"，她认为这是侮辱。胡先生皱着眉头，板着面孔，细心地听她陈述，然后绽出一丝笑容，温和地对她说："我劝你嫁给他"……

看到这段轶事，不免哑然。

这事安在沈从文身上倒挺合适的。

沈从文连中学都未读过，少时因顽皮而屡屡逃学，小学一毕业，就被送到当地军队当补充兵。15岁即跟随土著部队，在沅水流域游荡至20岁。因此他一直以乡下人自谓。

你看，连情书都写得这样冒犯粗鲁。

想想，换了郁达夫或者徐志摩，换了茅盾或者巴金，断然不

沈从文的故乡湖南凤凰城，因了沈从文，早已是闻名遐迩的旅游胜地。

会写出如此不堪的求爱句子。

沈从文写过这样的粗鄙句子吗?

刚出的一本《从文家书》，收有张兆和当天的日记，记录了1930年7月8日，她到上海极司非而路旁一个僻静小巷的胡适家，请求胡适来规劝并阻止沈从文求爱的详细经过：

……于是我说了沈先生的事。他也把他由沈先生那里得知的事情报告点给我。他夸沈是天才，中国小说家中最有希望的什么，及至我把我的态度表明了，他才知道我并不爱他。

这下子他不再叨叨了，他确乎像是在替我想办法，他问我能否做沈的一个朋友，我说这本来没甚关系，可是沈非其他人可比，做朋友仍然会一直误解下去的，误解不打紧，纠纷却不会完结了。

这里，他又为沈吹了一气，说是社会上有了这样的天才，人人应该帮助他，使他有发展的机会！他说："他崇拜密斯张倒是真崇拜到极点。"

谈话中这句话他说了许多次。可是我说这样人太多了，如果一一去应付，简直没有读书的机会了。

于是他再沉默着。他说："你写信要他现在不要和你通信，或不要写那样感情的信。最好是自己写封信给他，再把态度表明一下。"

我说怕他接信后会发生影响。

“不会吧”，他也不敢断定，“不过你写得婉转些”。我说我没有还信的错误。他说：“你很可以对他说信是留着的了，你就明白的说，做一个纪念，一个经验。”

他说他也愿意为我写信去劝劝他。临行时，他说：“你们把这些事找到我，我很高兴，我总以为这是神圣的事，请放心，我绝不乱说的！”

神圣？放心？乱说？我没有觉得已和一位有名学者谈了一席话，就出来了！

这大约是最为真实可信的全部经过（说明：日记原文没断行，考虑到阅读的方便，这里分了自然段）。

不仅张兆和本人文章里没有梁实秋征引的粗鄙话，其他几位亲友或当事人的回忆文章，也没有。

梁实秋并非亲历者，他在以后的另一篇文章中作出的解释是“这是学校里的人说给我听的”。

后来，多读了一些现代文人的此类文章，才知可尊敬的梁实秋先生，竟然习惯性地有着把“听说”当史实写的毛病（怪不得有些历史会把假事弄成了真的，怪不得后人甄别历史，在故纸堆中终其一生还有许多未弄明白。这还只是资料较齐备的现代史，遇上只剩了只言片语的古代史，就只能看到什么就认定什么了）。

梁实秋先生在谈鲁迅时，也有信口开河的例子。那是在他的名著《雅舍小品》里的《病》文中。

此文开头一句话就是：

鲁迅曾幻想到吐半口血扶两个丫环到阶前看秋海棠，以为那是雅事……没有福分扶丫环看秋海棠的人，当然觉得那是可羡的……

鲁迅曾经有过这幻想么？

翻遍鲁迅全集，在《病后杂谈》中，才发现这是鲁迅讥讽的事情：

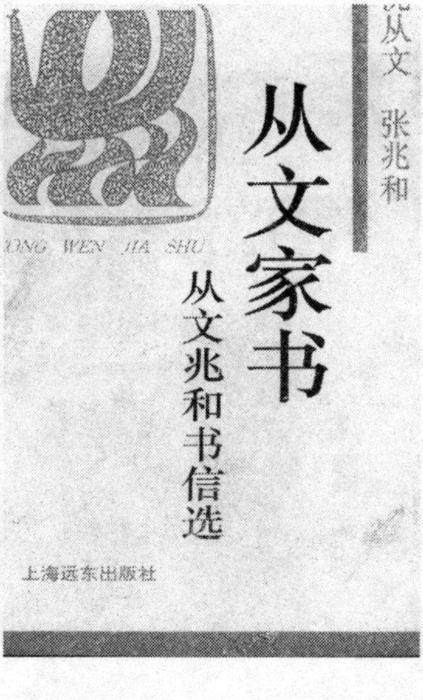

《从文家书——从文兆和书信选》封面。

我曾经爱管闲事，知道过许多人，这些人物都怀着一个大愿……他们中最特别的有两位：一位是愿天下的人都死掉，只剩下他自己和一个好看的姑娘，还有一个卖大饼的；另一位是愿秋天薄暮，吐半口血，两个侍儿扶着，恹恹的到阶前去看秋海棠。这种志向，一看好像离奇，其实却照顾得很周到。第一位姑且不谈他罢，第二位的“吐半口血”，就有很大的道理。才子本来多病，但要“多”，就不能重，假如一吐就是一碗或几升，一个人的血，能有几回好吐呢？

民国版的《从文自传》书影，是沈从文的名著之一，也是了解这位文坛巨子的入门之书。

找到原文，再看梁实秋所说，以为有栽赃的味道。

说重一点，就是血口喷人了。

他与鲁迅本是论敌，结怨很深，这种关系，没有坐实的事情，最不宜轻易出手。拿这种经不起查证的话来攻击对方，让人查出，岂不是自取其辱？

这则题外话，也说明，很多写成白纸黑字的轶事，其实并不可全信。

梁实秋写过两篇同题的《忆沈从文》。

第一篇，写于1973年6月20日。第二篇，写于1985年9月29日（梁口述，由岳彦明整理）。

两篇事隔12年，内容基本相似，不同的是，说到沈从文的情书内容时，第二篇再没了那句粗鄙话。

2

身为大家闺秀的张兆和，是经典美女：脸型椭圆，鼻梁中挺，下巴稍尖，嘴角一丝笑纹略带几分羞涩与恬静。

许是追求者太多，也没把沈从文的情书当回事。也许，更重要的，是如她在日记中所说，她对沈一直就“没有爱的感觉”。

当时的张兆和，只有18岁，是英文系学生，她到中文系，只是旁听沈从文的文学课。

而沈从文第一次讲课的表现，堪称是中国大学课堂的奇观之一。

此时的沈从文，在文坛上已小有名气，又是经诗人徐志摩的举荐、校长胡适的聘请而来。因此，慕名来听课的学生挤满了教室。

沈从文站在讲台上，看着下面黑压压一片人头和眼睛，本来准备好的开场白，竟然一句说不出。一分钟过去了，他未能发出声来；五分钟过去了，他仍不知从何说起。

众目睽睽之下，他竟呆呆地站了近十分钟！

此时，整个教室鸦雀无声。漫长的十分钟之后，沈从文终于抬起头来说道：

你们来了这么多人，我要哭了。

顺便插一句，要是在今天的大学，沈从文是死定了。慢则第二天，快则当天就要卷铺盖走人！他不仅不是博士，就是大学大专，也还有个“大”，他的文凭，就一“小学”，还没毕业哩！高教的评估，网上的板砖，众人的口水，早就排山倒海、震天动地，叫他屁滚尿流从此无颜见江东父老！

单看沈从文的青少年履历，会以为他是一个充满侠气与野性的孔武有力的粗放男人。

恰恰相反，在许多人笔下，沈从文自卑木讷、敏感内向且有几分偏执，一到动情处，他就会哭起来。

他多愁善感。多愁善感之时，他真的会像孩子一样哭起来。

追张兆和时，除了找胡适倾诉，他还找过张兆和的好友王华莲。

事后，王华莲曾写信给张兆和，告之事情经过。信中，有两处写到沈从文的“哭”。

一处，是沈从文向王诉说张兆和总是不理他时，王记：“说到这里竟大哭了。”

另一处，沈在诉说胡适的挽留和他自己陷于单相思中什么事

1922年，20岁的沈从文，有几分英武之气，像个在江湖闯荡过的汉子。

做不了时，王记："又哭。"

张兆和的姐姐张允和，也记录过沈从文的哭。——那是30多年以后了。

1969年初冬，67岁的沈从文下放到农村之前，张允和去看他（张兆和已经先于沈下乡了）。张允和看到屋子里乱得吓人，书和衣服杂物堆在桌子上、椅子上、床上……到处灰蒙蒙的。

当张允和告别出门时，沈从文从鼓鼓囊囊的口袋里掏出一封皱头皱脑的信，这是张兆和30多年前给他的第一封信，他把信举起来，忽然说："三姐的第一封信——第一封。"（张兆和在家中

电影《边城》剧照上了《大众电影》封面。

排老三）说着就放声地哭起来。

新时期中，记者采访沈从文，也写到他的哭。

1985年，两位杂志社的记者采访沈从文，问起“文革”的事，沈从文讲：“说起来，在‘文革’里我最大的功劳是扫厕所，特别是女厕所，我打扫得可干净了。”

其中年轻的女记者，挺感动的，就走过去拥着沈的肩膀说了句：“沈老，您真是受苦受委屈了！”

突然，沈从文抱着这位女记者的胳膊，嚎啕大哭起来!

83岁的他，哭得就像个受了委屈的孩子，什么话都不说，就是不停地哭，鼻涕眼泪满脸地大哭。这下子所有在场的人都惊呆了。

……还是张兆和出来圆了场，她就像哄小孩子一样又是摩挲又是安慰，这才让老人安静下来。

在张兆和面前，沈从文永远都是一个孩子。他对张兆和的爱恋，自始至终都是依依不舍，满怀着依恋。

3

沈从文的爱情追求长达三年零九个月，其间给张兆和的信至少几百封。

沈从文的第一封情书，只有一句话：“我不知道为什么忽然爱上了你？”

接着第二封、第三封……一封比一封厚重。

张兆和一概不理。甚至，有些信，拆都未拆，原封不动地送回。

那个时候，张兆和已经收到了很多男性写来的情书。

沈从文的情书，从婚前到婚后，始终是那样的炽热缠绵，始终是那样的一往情深。

在婚前，他写道：

在我眼中如虹如日的你，使我无从禁止自己倾心是当然的。

我现在是打算到你将来也不会要我爱的，不过这并不动摇我对你的倾心，所以我还是因这点点片面的倾心，去活着下来，且为着记到世界上有我永远倾心的人在，我一定要努力切实做个人的。

莫生我的气，许我在梦里，用嘴吻你的脚，我的自卑处，是觉得如一个奴隶蹲到地下用嘴接近你的脚，也近于十分亵渎了你的。

婚后，他写道：

三三，乖一点，放心，我一切好！我一个人在船上，看什么总想到你。

我要傍近你，方不至于难过。

沈从文婚后的信，变化的只有称谓，称她为“三三”、“三姐”、“小妈妈”。

他的炽热，并不因婚姻而有所消减，反而更缠绵。仿佛张兆和还是那个未追逐到的情人。

步入21世纪的人们，真该读读沈从文婚前婚后一视同仁的情书。这是对婚姻就是坟墓之说的当头棒喝，是对婚姻如同围城说的绝地反击。

4

张兆和相貌清秀、肤色微黑，在张家姊妹里排第三。这种体貌特征和亲族排序，在沈从文此后的创作中一再地运用。

写到湘西女孩子，只要涉及肤色，总是黑。

《边城》里的翠翠，皮肤是黑黑的；

《长河》里的天天也是黑而俏。

此外，沈从文写信时常称张兆和：“三三”，同时还以《三三》为题，写了一篇非常好的小说。个人以为，《三三》描述女子心理之细腻，很有《红楼梦》的味道。

婚后的沈从文，正如他自己事前所说的——“假使她需要我爱的话，我能使我自己更伟大一点。”

这是沈从文对爱情和事业的二合一宣言。

不能想象，没有张兆和的沈从文会成为一个什么样的青年——厌世的？颓废的？平平淡淡的？没有大作为的？

都有可能。

婚后第二年的1934年，沈从文即写出了中国现当代文学史上的传世之作：

《边城》。

在进入21世纪之际，中国大陆与港澳台专家学者联合评选了百年百部经典，《边城》高居第二位（第一是鲁迅的《呐喊》）。

此外，他的几个被公认的其他名篇，如《从文自传》、《湘行散记》、《湘西》、《长河》等等，均是婚后写出的。

没错，全是在婚后！

沈从文也把自己的进步和成就，归之于张兆和。他在婚后给张的信里说：

有了爱，有了幸福，分给别人一些爱和幸福，便自然而然会写的出好文章。

有了你，我相信这一生还会写的出许多更好的文章！对于这些文章我不觉得骄傲，因为等于全是你的。没有你，也就没有这些文章了。

从这个意义上说，沈从文是这场婚恋的受惠者。

套用当下流行的俗语，沈从文是爱情事业双丰收。

5

那么，张兆和呢？

在《从文家书——从文兆和书信选》一书中，也收有张兆和在几十年中给沈从文的信，张在信中的语言与情调，显然不及沈那么炽热、细腻、缠绵（这可能有女性较含蓄的原因）。

这本书的末尾，张兆和在写于1995年8月23日晨的后记中说：

从文同我相处，这一生，究竟是幸福还是不幸？我不理解他，不完全理解他。后来逐渐有了些理解，但是，真正懂得他的为人，懂得他一生承受的重压，是在整理编选他遗稿的现在。过去不知道的，现在知道了；过去不明白的，现在明白了。

这段话，写得非常坦诚。提请编辑这本家书的李辉先生介绍，黄永玉先生曾经抄录了这篇后记，一度想刻成石碑，竖在沈从文的墓地上。

由不理解到逐渐理解，由不知道到知道，这是张兆和的心路历程和情感自述。

而沈从文，他的爱情长旅，从一厢情愿的追求开始，终其一生直到逝后，该是圆满而彻底地实现了。

这个结局，既让人高兴，又让人遗憾。

男明星们
下跪背后的集体意淫

●中国男星们纷纷下跪的表演，与民间怕老婆故事共谋，营造出女性革命的成功幻象……

● 篇首附识

我有一个错觉，在中国，男权似乎已经土崩瓦解，男人们生活在水深火热之中，他们除了匍匐在女性的淫威之下，除了集体下跪，已经是无路可走了。唤起这个错觉的，是在看了2008年中央电视台的春节晚会之后。——在舞台上，在电影电视里，在相声小品中，在妻子面前下跪，是男星们温顺与效忠的表演。即使不下跪，类似于"这回去还不得跪搓板啊"也必是挂在嘴边的口头禅。——人们对家庭暴力这样的词不会陌生吧。这个词，意味着拳头与殴打，意味着遍体鳞伤和屈辱。相信很多女人，看见这个词都会不寒而栗。——中国男星们纷纷下跪的表演，与民间的怕老婆故事，遥相呼应，共同酿就了以假乱真的安慰试剂。说到底，这更像是悄然无声的集体意淫。

1

有时，听了几个怕老婆的故事，会想，中国还能说是男权世界吗？女性还是弱者吗？还有所谓性别歧视存在吗？女性解放已经彻底实现了吗？

且慢急于回答。

因为这事情非同小可。

提倡宽容的胡适先生，早在20世纪40年代，说过一句话：

人类中间这一种怕老婆的低级种子，只能在民主国家里繁殖，不会产生在极权国家的土壤上，或者还不会错吧。

这只能当做笑话听了。

中国的皇权专制，越两千余年，同时，中国又是一个怕老婆故事的多产国度。

民间流传的，文人笔下记录的，几百个也不止。在中国帝王独裁专权的历史中，怕老婆的故事，差不多贯穿始终，绵延不绝。

明代才子袁枚考证，怕老婆，最早始于2500年前的春秋时期的吴国。

袁枚引《越绝书》上的记载：吴国的大夫伍子胥，看见一个叫专诸的壮汉，与人打斗，有万夫莫当之气，可是他老婆一声叫唤，专诸立即就乖乖地跟着老婆回家了。

距今约1600年的东晋时代，有个叫王导的宰相，在朝廷威风得意，一天，他正跟客人侃侃而谈时，忽听下人禀报："夫人来了！"王导顿时吓得脸色发青，赶紧坐上牛车逃跑。

与他差不多的，还有唐初享有盛名的贤相房玄龄，为唐朝的鼎盛做出了很大的贡献，但也是惧内的典范（旧时老婆又称为"内子"，怕老婆雅称"惧内"）。

更绝的是，明朝的抗日大英雄戚继光。

由范伟、黑妞、高秀敏三人合演的小品《将心比心》，丈夫（范伟饰）向妻子（黑妞饰）下跪。

有个怕老婆的经典笑话，说的就是他的光辉事迹。

且说有一天，有人取笑他怕老婆，他愤然道："我怕她做甚？"为了显示威风，当即传下将令，点集大小三军，令人喊他夫人出来。

夫人出来厉声喝道："喊我何事？"

他惶恐伏地道："请夫人出来阅操。"

这样流芳百世的怕老婆故事，与其看做是个别女性的胜利，还不如说是极权专制的帝国时代的副产品。

学者聂绀弩，早就在《论怕老婆》一文中，犀利地指出：

怕老婆是一回事，怕老婆的故事是另一回事。表面上看，怕老婆的故事多，似乎就是怕老婆的人多，其实刚刚相反。正因为怕老婆的人少，怕老婆的事才被认为稀奇，不正常，可耻可笑，才被编成故事，传播开来……怕老公的事，真是滔滔者天下皆是也，何以没有一个故事称之曰怕老公，而且连"怕老公"这术语都没有呢？

这情形，与"三八"妇女节的存在（以及妇联的存在），是一样的道理。

增设"三八"妇女节的目的，最终是为了消灭这个节日。

也许，只有到了无须设立这个节日那一天，女性才算是真正解放了。

2

近来，我有一个错觉：当代中国的女性，不是需要解放，而是已经大大地解放过头了。在中国，男权似乎已经土崩瓦解，男人们生活在水深火热之中，他们除了匍匐在女性的淫威之下，除了集体下跪，已经是无路可走了。

唤起这个错觉的，是在看了2008年中央电视台的春节晚会之后。

在这台由亿万观众共赏的晚会上，计有三个小品的剧情是有夫有妻的，戏剧冲突也与夫妻相关。

按出场顺序，依次是：

郭冬临、周涛表演的《新闻人物》；黄宏、巩汉林、林永健、董卿表演的《开锁》；赵本山、宋丹丹表演的《火炬手》。

演员阵容强大，都是全国人民耳熟能详的大牌明星，都是央视屏幕上炙手可热的大腕名流。他们在春晚的表演影响深远，常常是不经意抛出的一句话，就能成为全国人民竞相效仿的流行词语。

这三个小品，有一个共同特征：丈夫见了妻子，一律都像老鼠见了猫。在女人面前，这些男人全都是唯命是从、唯唯诺诺。

小品《新闻人物》，夫妻二人为一件事发生了争论。饰丈夫的郭冬临在外面救人英勇无比，回家见了妻子立即成了缩头乌龟，饰妻子的周涛只要脸一变，郭冬临马上双腿跪地。

小品《开锁》，饰丈夫的黄宏有急事要开家里的箱子，可钥匙在妻子手上，黄宏与锁匠正纠缠得无计可施之时，饰妻子的董卿回来了，从董卿回来那一刻起，黄宏就极尽迎奉，说话小心翼翼，比随从伺候主子还要谨小慎微。

至于赵本山和宋丹丹的小品，更是历届春晚的高潮。

二人的小品《火炬手》，演的一对老夫妻。赵本山饰演的丈夫虽然头发都白了，却跪在地上给妻子揉搓关节，嘘寒问暖，坐椅子时，也是小心地坐半边，宋丹丹只要一声喝斥，他就吓得从椅子上滚落到地上。

二人的言谈举止，更仿佛是经年累月的女尊男卑。宋丹丹颐指气使，对赵不是指派，就是指责。而赵本山，则低眉顺眼，处处看宋丹丹的眼色行事。

由郭冬临和周涛合演的小品《新闻人物》。郭冬临演的丈夫向妻子下跪。

摘录几句台词：

宋丹丹：你要搞明白我的号令，我伸左手，你就上水，我伸右手，你就闭嘴，我伸左腿，你就给我揉腿，我伸右腿，你就亲一嘴。

赵本山：云啊，这么多人，不太好吧。

宋丹丹：你想啥呢，你看清楚，我这是哪只腿。

赵本山：啊，左腿。云啊，我跟你商量点事，一会那么多记者，你别让我揉腿，给我点面子。

宋丹丹：记住没，死鬼！

赵本山：这辈子，你不欺负我，我简直都没法活。

一晚上，连续看了这三个小品，才猛然想到，这样的事儿，在舞台上，在电影电视里，在相声小品中，已经很多很多了。

在妻子面前下跪，是男星们温顺与效忠的表演。

由赵本山和宋丹丹合演的小品《火炬手》，赵本山虽是大牌，他演的丈夫也跪下给妻子揉腿。

即使不下跪，类似于“这回去还不得跪搓板啊”也必是挂在嘴边的口头禅。

男星纷纷下跪，女星们似乎也挺配合的。

她们不是得意地跷着腿子，让人高马大的男人乖乖地跪在面前，就是拎着男人的耳朵，满台打转转。

她们是怎样想的呢？

她们是认为这就是现实生活的复制，还是逢场作戏，借机代替女性们发泄一下对男权世界的不满与嫉恨？

3

还是来看看现实。

人们对家庭暴力这样的词不会陌生吧。

这个词，意味着拳头与殴打，意味着遍体鳞伤和屈辱。相信很多女人，看见这个词都会不寒而栗。

我在一个约七百万人口的城市妇联，打听一年内或一段时间内家庭暴力的投诉数量。

没人愿意告诉我实情。通过关系找了一个中层干部，悄悄告诉我一个数字，并非常严肃地告之，这个数字绝对是不能公布的。

原来，关于家庭暴力，上面有限定，不得超过家庭总数的万分之一点五（即每一万个家庭只许有一个半的家庭发生家暴事件）。超过了，要遭受严厉的处罚——上方会派专案组下来核查并严处。

更要命的是，这个指标，早纳入了一级政府的政绩考核范畴（各项考核，有个用得最严厉与最滥的词是：一票否决）。

指标控制的结果就是，各级组织都会把上报的数量，转化成标答公开的填空游戏。这是任何一个会算术的中国人，都能做的报数作业。

我们的某些领导，既然能在上报政绩时释放数字卫星，自然也会在暗箱中玩弄瞒报伎俩。

可以明确的是，各级妇联，都有一个权益部。有的城市，专门设有“家暴热线”，有的妇联还设有“家庭暴力伤情鉴定中心”。以便在伤残之后，为司法的取证，及时地预留现行的依据。

这些机构的存在本身，即是女性地位的真实写照。

所谓家暴，那是极端的例子。

至于，拍了桌子，砸了水瓶，晃了一拳头，打了一耳光，踢了一脚，都是拈不上筷子的小菜一碟，无法进入统计的视野。

以上举例，只是女性在家庭中的地位。

至于，在更加广阔的社会业界，在更为强大的权力高层，女性的地位如何，这比家庭取证要容易得多，只需平时的耳闻目睹，就了然于胸，用不着在这里多嘴多舌了。

4

平心而论，丈夫在妻子面前下跪的数量有多少，倘要搜罗和统计，个人以为，不仅不会比丈夫打妻子的多，甚至，不会比男人包二奶的更多。

有报道说，某些地方党委或政府，为不许包二奶，专门下发红头文件，那还是针对党员干部的，可见数量之可观。

关于女性的解放，看看中外思想家或名人的精辟论述，也许有助于丰富我们的视野。

法国社会主义者傅立叶，第一个说出那句被许多思想家征引的名言：

在任何社会中，妇女的解放，是衡量普遍解放的尺度。

马克思于1868年致友人路·库格曼的信中，有过相似的判断：

没有妇女的酵素，就不可能有伟大的社会变革。社会的进步可以用女性(丑的也包括在内)的社会地位，来精确地衡量……

列宁更进一步指出：

从一切解放运动的经验来看，革命的成败，取决于妇女参加解放运动的程度。

宋庆龄谈到妇女问题时再次强调：

占中国人口一半的群众一天得不到解放，不但国家的机构，就是一般的人民生活和思想，也就一天不会发生真正革命性质的变化。

邓颖超1943年在《妇女新运》上撰文专论妇女参政：

妇女参政，乃是民主政治组成之不可缺少的部分，而不应单纯的看做妇女本身的权利问题。

中外许多的思想家或学者，都说过与上述论断相类似的话。

黄宏和董卿在小品《开锁》中饰演夫妻，唯一没下跪的黄宏，看到妻子也胆怯地弯着腰。

可见，女性的解放，是社会解放的标准，几乎是一个无须争议的共识。

每一位生活在现实中的人，都会明白，女性的弱势地位，就整体而言，应该说并没有根本性的改变。她们离上述伟人名人们描述的标准，还有一段很漫长的距离。

5

在中国，生活中，在人们的街谈巷议中，女性在男人面前过于威风，是一件遭非议的事情。

对这一类女子，古往今来，有许多称谓：河东狮吼，淫威大发，母夜叉，恶鸡婆，泼妇，悍妇，等等等等。没一个好听的。

杨绛说过，西方与东方，对女人的态度，在骑士时代，就不一样。

西方人可以为心爱的女人决斗，用自己的生命来换取爱情。中国的古代则不然，女人与奴隶等同，可以当做礼物或礼品，送给尊显的客人，送给相好的朋友，送给需要巴结的达官贵人（大意）。

到过西方发达国家的中国人，会发现，西人对女性态度，明显高于东方。

走路礼让女士；大庭广众中致辞，也是女士在前；到餐馆进餐，男人先将座椅拉出，让女士就坐，然后才是自己坐下……

在国内，司空见惯的是，上了公共汽车，不说一般女性的遭遇，很多男人就是看见孕妇，看见抱着孩子的女人，也是不让座的。那些眼睛望着窗外，只当没看见的人，还是表现好的，至少知礼知耻。有的则高昂着头，熟视无睹。

这在西方国家，几乎是绝对不可以的事情。

可见，就文化传统和风俗习性而言，女性解放在中国，更加的任重道远。

也许，中国男星们纷纷下跪的表演，正如聂绀弩分析的那样，只能是反证其“稀奇”。

这样的表演，与民间的怕老婆故事，遥相呼应，共同酿就了以假乱真的安慰试剂。让信以为真的女性们，获得一种自以为是的心理满足。

只是，如此持之以恒的广泛传播，并不可能给女性带来超级利好的福祉。长久的耳濡目染，相反，会给时代抹上一层女性革命已然成功的幻象，造成某种误会与错觉。

说到底，这更像是一次悄然无声的集体意淫。

诚然，也不可否认，与过去相比，男人的地位，在部分地退化或失守，确有些今不如昔了。

从这个意义上理解，男星们的纷纷下跪，也可以看成是一次未雨绸缪的集体撒娇。

群殴
警惕多数人的语言施暴

● 网络舆论的暴涨可以让凡人一夜成名，也可以为乌合之众的围殴制造便利……

篇首附识

香港凤凰电视台的闾丘露薇和中央电视台的水均益，都是跑国际新闻的名记者，也都是有影响的文化名人了。——2003年，他们在伊拉克战争中的一进一退，其实都无可指责。网络上发生的多数人一窝蜂的语言施暴，充分反映了网络舆论或大众舆论中的群殴现象。——这是一篇写于当年3月的稿件。事情过去近5年了，本文所指涉的情状，不仅未见消解，而是大有愈演愈烈之势。

1

伊拉克战争在春光明媚的3月降临。

凤凰电视台的女记者闾丘露薇，在各国战地记者大都遵命退出伊拉克之际，她关掉与台领导联系的手机——她要求进入巴格达遭到台领导的坚决拒绝，于是违命带着摄影记者蔡晓江，租车奔赴战火之下的伊拉克首都巴格达。

看到这则消息的同时，电视上又有一批西方战地记者离开了巴格达——他们说太危险了，再不离开恐怕就走不了了。

这事发生在2003年的3月23日。

有良知的中国新闻史，应该记住这一天。

有良知的中国新闻史，应该记住闾丘露薇和蔡晓江的名字。

2

就在这个时候，一项网站调查显示：

绝大多数网民认为，同闾丘露薇的勇敢相比，“中国战地男记者应该感到耻辱”……

有的则表示“我叹息、我无言、我失望、我悲哀”……

有的甚至认为，中国的男记者要为自己的“贪生怕死”而“感到汗颜与羞耻”。

中央电视台去了三名男记者。他们此前已遵命撤离了伊拉克。

其中，水均益是著名主持人。

网上的攻击与谩骂，像高温下的水银柱一般直线上升。他们

在伊拉克战地报道的闾丘露薇。人称战地玫瑰。

的指责，也是冲着水均益来的。因为三人中，他最有名。是啊，谁叫他是名人呢。

当天，就有知情的当事人出来解释说，并不是我们要主动撤离伊拉克，我们是奉命必须撤离。并且，特别说明，这并不是记者个人能够决定的，甚至也不是媒体本身能够决定的。

但是，一浪高过一浪的谩骂声，湮没了这一切。

没有人静下心来听任何解释，哪怕是必要听或必须听的解释。

这就是大众聚集之后引爆的喧嚣与躁动。

法国学者古斯塔夫·勒庞，对群体聚集后爆发的非理性狂暴，有着高度的警觉与重视，他写于19世纪末的反集体主义的著作《乌合之众》，作过如下论述：

> 孤立的个人很清楚，在孤身一人时，他不能焚烧宫殿或洗劫商店，即使受到这样做的诱惑，他也很容易抵制这种诱惑。但是在成为群体的一员时，他就会意识到人数赋予他的力量，这足以让他生出杀人劫掠的念头，并且会立刻屈从于这种诱惑。出乎预料的障碍会被狂暴地摧毁。

网络上的聚集，与现实一样，既可以发出摧枯拉朽的正义声音，也同样可以让非理性释放出排山倒海的能量。

过了三天。

终于，中央电视台的水均益、冀惠彦、杨小勇于3月26日重返巴格达！

不知道他们是否也像闾丘露薇一样，是擅自做主前往，也不知道他们的重返是否和那些斥责谩骂有关？

这时，网上的声音，也终于平息下来。

3

但我以为，事情并未了结。

我们不能像长舒了一口气那样轻松。

我们的心结，更不能就此解除。

毋庸置疑，不怕牺牲、勇敢冲入战火中的闾丘露薇和蔡晓江，应该赢得我们的掌声和鲜花。

与此同时，我认为，遵从命令撤离，在相对安全（仅仅只是相对！）的地方采访的水均益等三人，也不应受到道义上的任何指责。

就像我们大声歌颂黄继光用身体堵住机枪眼，并不意味着，没有这样做的所有战士都要接受批判……

就像遇到执枪劫匪，许多人没有不顾一切地上去拼命，而是双手抱头蹲在地上自保，也不应接受检讨是一样的道理。

至于那种一味强调自保而见死不救，或者把英雄当傻冒的言行，也绝对是可耻的。

有一种理念应该明了：我们对舍身取义的英雄保留至高的尊敬，并不意味着，对未曾达标的其他人，都要进行灵魂的拷问。——如果他们因此不安或自责，那是另一回事。

让人忧虑或深长思之的是，网民们针对正当撤退记者进行的这场一窝蜂的谩骂围剿，这场不分青红皂白的语言施暴，是大多数人所为，是在所谓正义旗帜下的不容置疑的声讨。

它的出现，并非偶然，以后还会发生。

网络世界，并不像早先人们想象的那样比现实更宽容。

那种多数人的声音一旦立足，往往会湮没少数人的自由表达。

这种舆论群殴，我们应该并不陌生。

在许多群众汪洋的场合，情绪是失控的。只要有人喊一声

戴着钢盔在伊拉克报道的水均益。

打，马上就有无辜的人被钉死在十字架上。只要有人喊冲，马上就有乌合之众一哄而上，如决堤的洪水一样泛滥成灾。

筱敏在《群众汪洋》中写道：

群体出现的时候，是可以不负责任的，因为无论怎样的法庭对它都无从追究。即使它成千上万地聚集在一起，海潮一样地冲决过什么，吞没过什么，其威力真实得让你刻骨铭心。但时过境迁，潮水一夜之间退去，那个实体顷刻就不存在了，你无法寻找它，它似乎从来不曾存在过，面对空空如也的广场，你甚至怀疑自己刻骨铭心的记忆。

勒庞（法）的这本世界经典名著《乌合之众》，探讨与阐述的是：孤立的个人一旦聚集成群体，为何丧失理性、变成极端狂暴的乌合之众？此书初版于1895年，而中文译本则在一百多年后的2007年才面世。编者在附记中称：此书今天仍不失现实意义。如"文革"中青年为何变得丧失理性，入市股民又为何会变得群情激亢？

就是这样。

现在，谩骂退去，那些谩骂者也四散而去。

他，或她，在哪里？没有了。

一个都看不到了。

其实，他们——就在我们的身边。

只有等到下一次需要聚集时，这些人，这些谩骂，会像海潮一般再度涌来。

什么时候，我们学会平静、宽容、秩序、人性地让人说话，学会平静、宽容、秩序、人性地倾听每一个人的声音，这种语言施暴的场景才可能消亡，我们才能真正轻松地长舒一口气了。

4

写这篇文章时，巴格达即将进入巷战，联军已有人说了，下面的轰炸和激战很难不伤及平民——当然，战地记者也同样不能幸免于难。

战地需要记者。没有记者的战地，是莫衷一是的战地，是谣言纷纭的战地，是缺少历史记录的战地，是看不到真实面孔的战地，是无法甄别文野或进退的战地，是只看见炮火而听不到声音或呐喊的战地。

在现代战争中，战地记者和红十字救援，犹如法庭的证人一样不可或缺，是战地最为客观的书记员和监护人。

但，自身安全是这一切的前提。遵命撤退的战地记者应受尊重。

记得看过外国人做的一个职业与生命质量的统计，很不幸，记者被列入寿命最低的十项职业之一。

若是将战地记者单列出来，他们肯定会排名在全球最危险的十大职业之前列，可能仅次于战地士兵。（顺便说一句，中国记者大可不必为这个统计结果而伤感，由于他们大多在正确舆论导向的引领之下，统一步调地进行采访，从而避免了这一不幸的结果。）

即使是21世纪，由自诩最尊重人权的美国发动的这场战争中，战地记者的安全，仍然没有任何保障可言。

这种时候，看到电视上头发蓬乱的闾丘露薇，看到面容憔悴的水均益，我理解并认同凤凰台领导曾经有过的坚决拒绝。

同时，我也为网上曾经有过的一窝蜂的讥讽和谩骂感到万分遗憾。

万分的遗憾！

三毛
你已经不能再好了

●三毛生前好像没有太多争论，身后倒招来一些非议，李敖曾炮轰三毛，认为她是一个虚伪的女人……

● 篇首附识

这篇旧作，在得知三毛辞世消息的当天就写了。——一位才女同时也是三毛迷的文友，看了这篇文章说，你把我想说的都说了。另一位诗人说，这是他看到的所写三毛的最好文章。这样的评价，不免让人受宠若惊。——三毛生前，好像没有太多争议。身后倒招来非议。她生前的朋友马中欣，撰写题为《三毛真相》，认为她是一个虚伪的女人。李敖的《"三毛式伪善"和"金庸式伪善"》，攻击性比马中欣来得更猛烈些。——请人们记取三毛曾说过的一句预言：别人如何分析我，跟我本身是一点关系也没有的。

1

忽然从报上看到一则新华社发自香港的消息：女作家三毛在台湾一所医院自杀身亡。

我觉着我只是很惊讶地看到一个预料之中的事实。

很早很早以前，还在丈夫荷西殉职之初，她就曾设想着要自行了断生命。可是，父亲用失去了控制的语气说：

如果你敢做出这样毁灭自己生命的事情，那么你便是我的仇人，我不但今生要与你为仇，我世世代代要与你为仇，因为是——你，杀死了我最最心爱的女儿——

父亲对女儿的疼爱之语，我看过千种万种，这段话，是我看到的最为决绝、最为凶狠、最为深情、最为痛彻心扉的至爱表述。

三毛当然知道这句话的分量。

由此，她加倍地明白了，在爱她的人心中，她的位置有多么重要。

于是她说，愿在父亲、母亲、丈夫的生命圆环中，做最后离世的一个——让自己一人，去独自饮尽那悲痛之极的永别的苦酒。

然而，然而现在她还是先去了。

突然吗？

不。

三毛与荷西合影。

实际上，她早预感自己的情感常常不听大脑的掌控。

她从小至大，都是一个率性而为的女子，她说，她常常要跑出一般人生活着的轨迹，做出解释不出原因的事情来。

我想，这次大约是她能做出的最后一件“解释不出原因的”事情了。

我没见过三毛，读过她的一些散文。

她纯真而多情的笔致意味与洒脱无羁的写作风格，确是独树一帜的，以至在海峡的两岸三地，还找不出一位与她风格相近的作家。至于她的《梦里花落知多少》和《不死鸟》等篇什，是可与世界上许多一流的散文名篇媲美的。

在气质上，三毛天生敏感、叛逆、执拗、不合群。

这种性格的女人，内心的丰富和感伤往往超出常人。

所以，三毛几乎是与生俱来的作家材料。她从小做什么事都不顺利，独有写作是超常地顺利——她说她有一个光荣纪录：从小学就开始投稿，居然从未被退过稿。

但是，三毛说：“我重视生活远甚写作。”

不幸的是，她认为最幸福的生活，上帝只给了6年。

那是与丈夫荷西痴情相恋的6年。她说这是“上帝给她的恩赐”。

在一起的时候，他们夫妻二人曾经设想的辞世方式是，到两个人走不动也扶不动的时候，穿上干干净净的衣服，一起躺在床上，闭上眼睛说，好吧，一起去吧。

三毛有一段文字，最能表达她与荷西在婚后仍然痴迷不悟的不变恋情：

我和荷西曾约定只要我俩在一起，小孩子还是别出世吧。如果是个女的，我会把她打死，因为我会吃醋；若是个男孩，荷西要把他倒吊在阳台上，因为我会太爱孩子。事后，我也讶异这样孩子气及自私的话，竟会从一对夫妻的口中说出。

读过三毛的人都知道，她的文字和情感表达，常常就是这样越轨般的极致和不近情理。

可以想象，失去了丈夫荷西之后的她，大量的日子，是在说服自己如何日复一日地活下去。

中国文化历来重生。

渴望生活无疑是一种积极的人生态度。列宁在弥留之际，还叫人读短篇小说《热爱生命》给他听。

但是，也不要忘了，这篇小说的作者杰克·伦敦就是自杀身亡的。

任何人都无法选择生，却可以选择死。

在某些时候，人在生命旅程中的自行了断，是对死亡的一种蔑视和反叛。

如果只是简单地认为，所有的自杀都是意志薄弱或对抗争的放弃，那么，我们便很难理解近代史上投海警醒国人的陈天华，无法理解不甘受辱而自尽的傅雷、老舍，无法理解用肉身堵住机枪眼的黄继光……

至于三毛，一位失去了丈夫又没有孩子的女作家，她的自杀，究竟是一种沉溺还是一种解脱？

恐怕招来的议论会更多一些。

每一个人都可以根据自己握有的一点材料来猜度想象，进而从某个特定的角度来诠释三毛的自杀之因。

但是，我希望所有的人都记取三毛曾说过的一句预言：

别人如何分析我，跟我本身是一点关系也没有的。

我不是三毛迷，并不知道关于三毛全部的传奇经历。

三毛代表作之一《哭泣的骆驼》，是三毛迷必读作品。

只是知道她的创作已达到了她自己的顶峰；

只是知道她与丈夫携手走天涯的6年爱情生活已足以让天下的恋人惊羡；

只是知道她从小至大羸弱多病但却抛弃富裕赴荒漠谋生；

只是知道她总是把丈夫死去的那一年习惯性地称作最后一年；

……只是知道，丈夫死后11年中，她先是在大西洋那个寂寞的孤岛上孓然独居，然后流浪回台湾，又到大陆，虔诚地去祭祖并将坟地的土与故乡的水带回台湾，并在深夜里双手捧给父亲，然后，带着哭腔对父亲说：

这可是我今生唯一可以对你陈家的报答了。别的都谈不上。

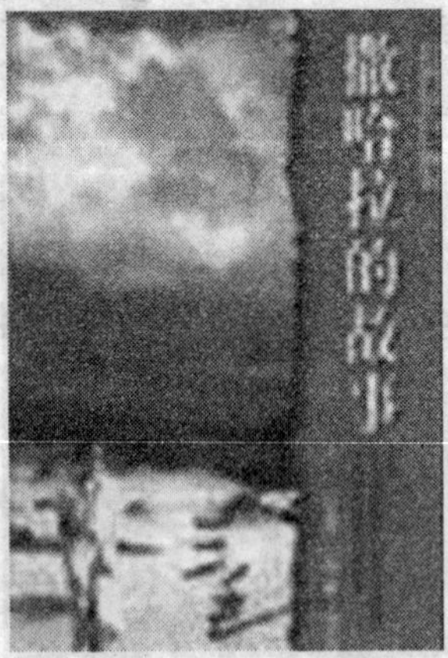

三毛代表作之一《撒哈拉的故事》，是三毛迷必读作品。

事情至此，我想，出现怎样的结局都不会使我意外。

三毛，在遥远的天国，你的荷西恐怕早就有些急不可耐了。现在你真的去了。

想来想去，总想送你两句话，最后竟想到你父亲在一年前的一次深思猛省之后，那一句满含着顿悟与禅机的叹息：

祝你什么好呢？你已不能再好了！

在书架前的三毛，安静平和，像个淑女，与她风尘仆仆走遍千山万水时判若两人。

2

上文是旧作。写于十余年前。

三毛1991年去世之后，华文世界曾掀起又一轮三毛作品的阅读和评议热潮。

三毛生前，好像没有引发太多争论。身后倒招来了一些非议。

1995年，据说是三毛生前朋友的马中欣，撰写题为《三毛真相》的系列文章。

他好像是踏勘了三毛生前流浪的路线，进行追访，他的文章

抽烟的三毛和读书的三毛，哪个更接近她的本真？

要证明三毛是个假话连篇、混淆真相的一个伪善的女人。

最重要的是，他发现三毛与荷西并不相爱，而是经常争吵。还有，三毛是又老又丑，而荷西，在西班牙人眼中根本就不够帅。

他例举的事实却不够有力。

争吵能说明什么？三毛在作品中就说过他们夫妻有过争吵。这很自然。一辈子从不争吵的夫妻才不正常哩。

有句话说婚姻如同穿鞋，合不合适只有脚知道。

在三毛与荷西两人均不在人世之时，仅仅是争吵，好像很难成为他们是否相爱的证明。有时，正因为爱之深才责之重。

至于，一个老丑或另一个不帅，更没道理，两个丑人不能相爱吗，两个丑人不能互认为“你是我眼中的最美”吗？

我倒觉得，马中欣的失败在于，他的追寻恰恰可以印证，三毛与荷西都是实有其人，他们确实到过这些地方。有了这些，至少说明三毛的写作是有生活依托的。

直到2006年12月底，这位自称是美国公民的马中欣，又在上海向媒体爆料说，三毛不是自杀而是服药后意识迷糊被动地勒死了自己。

看完报道，我都哑然失笑了。

即使他的推测不错，我不知道这和三毛的生前真相及其作品有什么关系。

初看标题《女作家三毛死因有新说》，我以为会是“他杀”

一类的什么惊天猛料，原来只是由“主动自缢”改成了“被动勒死自己”，这不还是“自杀”嘛？

马先生从美国不远万里来到中国，竟然发布这样一条最新消息，自费盘缠跑这一趟也太不值了。

实际上，无须去追寻三毛的足迹而走遍万水千山，也无须从遥远的美国来到中国。运筹于帷幄之中的李敖，就写过一篇《“三毛式伪善”和“金庸式伪善”》，攻击性比马中欣来得更猛烈些。请看：

如果三毛是个美人，也许她可以以不断的风流韵事传世，因为这算是美人的特权，但三毛显然不是，所以，她的“美丽的”爱情故事，是她真人不胜负荷的，她的荷西也不胜负荷，所以一命归西了事……比起琼瑶来，三毛其实是琼瑶的一个变种。琼瑶的主题是花草月亮淡淡的哀愁，三毛则是花草月亮淡淡的哀愁之外，又加上一大把黄沙……你真的信三毛是基督徒吗？她在关庙下跪求签，这是那一门子的基督徒呢？她迷信星相命运之学，这又是哪一门子的基督徒呢。

李敖骂人的功夫天下第一。

可是，骂倒的人却不是太多。

他骂三毛，也谈不上根本性的颠覆。

三毛当然不是所有人的三毛，只是部分读者的三毛。三毛毕竟是个作家，她的感染力，都来自于人们对其作品的阅读。

我想，三毛本人的经历和三毛的作品，应该分开来说。

考证出三毛生活与她所写不同，这和三毛作品本身还不是一码事。——正如考证出曹雪芹是乞丐或是贵族并不影响《红楼梦》的伟大，正如考证出托尔斯泰不是《安娜·卡列尼娜》的作者，也不影响作品的伟大一样。

就算三毛写的只是她的幻想幻觉或白日梦，写的只是她内心的真实，写的只是她没经历的生活或者是相反的生活，她能写得如此感人，能让全球那么多的华文读者着迷，这岂不是更能证明她的写作才华？

难道，这有错吗？这不可以吗？这妨碍或干扰了他人的正常生活吗？

《诡话——三毛真相》，真的揭露了三毛的真面目吗？也许只有作者自己相信。

没有吧。

再退一步说，稍有常识的人都应明白，文学与生活是无法等同的。

三毛自己就说过，她的文章有小说也有散文。她在世时，作家徐怀中在读了三毛的《哭泣的骆驼》，就称赞“这是一部很有特色的中篇小说”。

再重复一次上面说过的话，请人们记取三毛曾说过的一句预言：别人如何分析我，跟我本身是一点关系也没有的。

诚哉斯言。

孙犁

《荷花淀》的结构破绽

●《荷花淀》是中国现代文学史上必读的经典，是现代小说中经典的经典，但其结构上的大破绽却一直未有人指出……

● 篇首附识

非常抱歉，这是一篇从小说结构上批评或否定孙犁名作《荷花淀》的文章。——孙犁先生是我所景仰的作家。《荷花淀》是中国现代文学必读的经典短篇小说之一，是一篇已经进入文学史的名篇。恰恰是这样，觉得更应写了。——孙犁先生的同一时期的其他小说如《碑》、《嘱咐》、《光荣》等等，似乎都无《荷花淀》那样的大破绽，水准都很高。为什么那么多权威的评家，都不约而同把《荷花淀》作为孙犁，同时也作为现代文学史上的短篇小说之经典呢？这就让我不得其解了。

1

非常抱歉，这是一篇从小说结构上，批评或否定孙犁名作《荷花淀》的文章。

写这篇文章我犹豫再三。

因为一，孙犁先生是我所景仰的作家。他在20世纪70年代末复出后的创作，几乎使我着迷。有相当长的一段时间，凡在报刊上读到他的文章，必定要剪贴存留，视为珍宝。一俟这些文章汇编成集，仍然要设法买到方才心安。

还因为二，这是中国现代文学必读的经典短篇小说之一，是一篇已经进入文学史的名篇了。

在进入21世纪后，有两次较权威的评选，都是评出20世纪一百部经典作品，一次是由中国大陆和港台的专家学者联袂评出；另一次是由人民文学出版社邀请国内专家评出，两次评选结果多有不同。

但是，孙犁的《荷花淀》都入选了。

这几乎是一部无可争议的小说名篇。

但是，也恰恰是这样，觉得更应写了。

2

记得初读《荷花淀》时，我还是文学青年，正逢新时期文学之滥觞。尽管用仰望的姿态去拜读，但读过之后，却隐隐觉得，小说后面的大半部分不怎么吸引人。

这怎么回事呢？

当时没敢细想，也没再读。

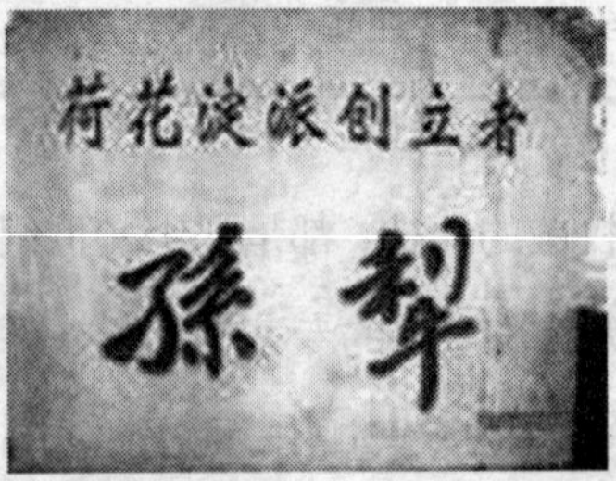

白洋淀孙犁纪念馆的字牌，上书：荷花淀派创立者孙犁。可见小说《荷花淀》有多么大的影响。

后来，为了考文凭，又听中文系的教授，用整整一堂课的时间讲解短篇小说《荷花淀》。

当时，急功近利地忙着混考分，不敢稍有非分之想。老师怎么讲就怎么听，答卷也就怎么做。

直至前不久，不知怎么忽然想到初读时的印象，于是找出《荷花淀》，认真地读了一遍，竟然一下子悟出了原因。

3

先看小说情节。

这篇小说情节分三部分。

第一部分，是年轻的丈夫欲上前线，妻子虽然依恋不舍，但还是支持他去。

第二部分，是村里的一群年轻妇女，去前线探望自己的男人，其中也包括前面提到的这位妻子，但是，没碰上她们的男人。

第三部分则是，在荷花淀中，这群妇女险遇日本兵，终于被伏击在此的她们的男人——游击队所救。

短篇小说的情节往往经不起复述。尤其是像《荷花淀》这样不以情节取胜的短篇，更是如此。

孙犁是写短篇的高手，在现代小说史“解放区文学”中，他的作品可说是独树一帜。

情节简略，清辞丽句，以柔和沉静的诗意格调抒写时代风云，以细腻婉约的情感波折来传递弦外之音。他的不多的短篇，是当得起现代诗体写实小说之美誉的。

而《荷花淀》，作为被众多评家推举的代表作，在语言和描述上，确实也比较集中地体现了孙犁小说的风格。中国现代文学上的“荷花淀派”，也是以这一篇来命名的。可是，就是这一篇，恰恰是这一篇，在小说结构上，存在着明显的破绽。

2006年印行的《孙犁精选集》封面，一张孙犁晚年的大照片很传神。

4

再看小说结构。

先看小说的第一部分。

一开头，是妻子坐在月光下编席的描写。这段描写，曾为许多论家摘引，也确是很能见出孙犁的语言风格，柔和恬淡，清新静美。其中的蕴涵，也值得玩味：女人在自家的院中编席，大门却敞开着，她又何尝不是在夜中等丈夫归来？接着，丈夫水生就回来了。丈夫要上前线，而且是第一个报了名。妻子夸奖他“你总是很积极的”。这夸奖中又何尝没有一丝幽怨？

写得好。

一句话，把人物情感内里的皱褶，起起伏伏的皱褶，尽得风流地呈现出来。让人揣摩，让人品味。

要说这里面的曲折隐微，恐怕要结合时代环境来理解。

在当时的革命队伍和革命家庭中，作为家属的女人，除了全力支持，绝不能稍有不快的流露，那是一种落后的表现，而落后是会自耻的。

因此水生妻子的话，简短而又具备多种解释的蕴涵。

小说从开头的描写直到水生夫妻的那一段对话，可说是非常精彩，几乎所有的分析文章都要提到。此处不赘。

小说的结构问题，出在第二和第三部分。

小说是用断行隔开的形式来划分三个部分的。按第一部分这样细腻精确的情节推理，接下来要说的人物，要么是水生，要么是他妻子。

但是，小说却完全没有这样。

第二部分情节，是寻夫和遇敌。说的是一群女人（注意：是一群！）一起去前线看望她们的男人。

这一部分主要是写这一群女人的对话，通过对话表达出这一群妇女复杂而微妙的心态。

与前面不同的是，在这一部分文字中，只有一处提到水生和水生的女人，但已经远远不是像第一部分那样占着主角的地位，而是后退成背景，类似于戏剧中一晃而过的“民兵甲”和“妇女乙”。

这些女人们想见自己的男人，但怕别人见笑，于是有的解释

建国初期，孙犁深入生活后写作的散文随笔《津门小集》。

是“忘下了衣裳”，有的推托说“婆婆非叫我去”等等。没有找到男人，她们伤心而失望了一阵之后，接着就纷纷说笑着编排自己的男人。说笑中，她们意外地发现了敌人，她们钻进了荷花丛中躲避。

第二部分就此结束。

读后可以发现，充任第二部分主体的全部对话，都是采用七嘴八舌的形式。

这些对话没有一个人来认领，读者也不会知道这一句是谁说的，那一句又是谁说的。

文中的主语，总只是“女人们”，或者是“几个女人”，或者是“几个青年妇女”，或者干脆就是“她们”。

读完这一部分，心中怅然若有所失。

虽然对话仍不失孙犁特色，但其中却看不到一个具体的人

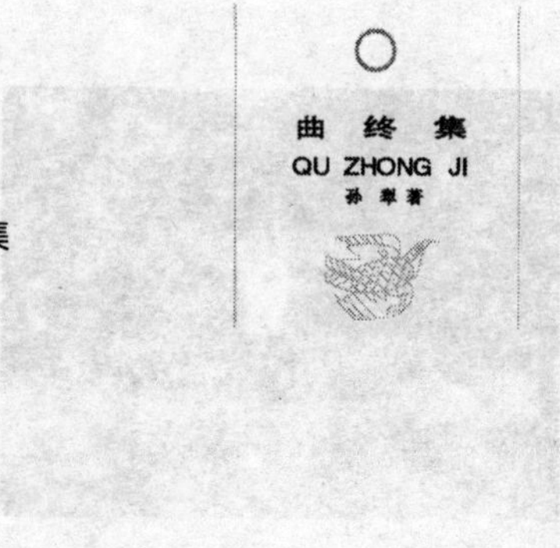

孙犁为晚年的一本作品集命名：《曲终集》。

物。读者看小说，或者说小说所展现的，总应该是具体的形象的描述，而不应是群体的抽象的概括。从人物和故事的发展逻辑来看，这第二部分也很难说成是第一部分顺理成章的继续。

现在让我们再来看第三部分。

这一部分是伏击战斗。

这一部分里面，提到水生和水生女人的地方比第二部分多了两次，还加了一个没有名字的区小队长和区小队的战士们（文中多数时称“他们”）。但是明眼人仍然可以发现，这一部分着力写的，还是那一群寻夫的女人——还是她们（有时称“几个青年妇女”）。

孙犁纪念馆内的孙犁塑像。全国官员很多，名人很多，作家也很多，享受这个待遇的不多。

她们亲见和亲历了战士们打的一场伏击战斗，有了这次亲历，她们觉着打仗也没什么了不起的，“谁不会趴在那里放枪呀”！于是此后她们也学会了打仗。

小说至此结束。第三部分的人物和情节，与第二部分，倒是连得很紧的。可是，这第三部分，仍然是对于群体形象的概括性描述。

5

再次读毕小说，我找到了最初感到不吸引人的原因。

明察秋毫的读者，至此大约也明白了我的意思。

从情节结构上说，小说的第二、第三部分与第一部分明显地不协调。把后两部分当做纪实性的散文或者特写来读，也无不可，但它的第一部分，又绝对是小说笔法。

作为一篇短篇小说的代表作，无论如何是不该有这种结构上的大破绽的。

这篇小说还有一个副题：——白洋淀纪事之二。

溯源而上再读《芦花荡——白洋淀纪事之一》：说的是一位“干瘦得像老了的鱼鹰”的撑船老人，护送两少女渡过敌人封锁线，不幸遇敌，一少女受伤。这在这位“过于自尊和自信”的老人的护送史上，是一个意外，于是急欲雪耻的老人，第二天中午就把“十几个鬼子”引入水中的钩子阵，然后从容地将他们一一消灭，而老人，还让那位未受伤的少女“用密密的苇叶遮掩着身子，看着这场英雄行为”。

小说戛然而止，结构浑然天成，叙述语言也是典型的孙犁风格。

再看孙犁先生的同一时期的其他小说如《碑》、《嘱咐》、《光荣》等等，似乎都无《荷花淀》那样的大破绽，而且水准也都不在它之下。

为什么那么多的权威的评家，都不约而同把一篇有着结构破绽的《荷花淀》，作为孙犁，同时也作为现代文学史上的短篇小说之经典呢？

这就让我不得其解了。

洞幽烛微的方家，有以教我。

谢泳

讷于言的专科生做了名校教授

●一个曾经木讷的人，一个手握师专文凭的人，一不小心成就了全国高校的热点事件……

● 篇首附识

我见过的谢泳，是一个有些木讷的人，反应不仅说不上快捷和神速，甚至有点儿迟缓。——第一次在书店遭遇谢泳的《旧人旧事》，我就失之交臂了。——他在一本书后记中说“收过的文章，绝不入此集，日后也不编来编去的。”看到这段话，心里说真是了不起，谢泳，我要向你致敬。——十年后，看到他的答记者问，发现他的机敏和健谈。我忽然想到两句话。一句是：十年磨一剑。一句是：士别三日，当刮目相看。

1

有人撰文描述谢泳：

他出手快捷，反应神速，擅长在第一时间对无行文人、越轨文事作出诊断。绰有余裕的现代文学知识……每一次判断都能找到坚实的立足点。

这说的是谢泳吗。

我见过的谢泳，是一个有些木讷的人，反应不仅说不上快捷和神速，甚至有点儿迟缓。

2

记得是1994年，山西的韩石山来汉，约定在武昌水果湖小聚。

见面时，韩石山身边多了一个长得敦实的不太年轻的年轻人。

他介绍说是一起从山西来的，还说了一个名字，我没听清。

干我们这行的，总有一些莫名其妙又不得不应酬的社交，见的人多了，不是耳熟的名字，也就不去探问。

1994年，我第一次见到的谢泳，大约就这个样子。

坐下来吃饭的时候，韩石山又一次说到他身边的山西老乡，特意介绍说他是做现代文化研究的，而且很不错等等。

长得很敦实的山西老乡始终没说什么。我只当做平日聚会中的惯常客套和例行公事，敷衍了事地点点头，算是回礼。

坐在饭桌上的，有韩石山结交多年的在汉作家，还有几位媒体同仁。席间，韩石山出了一个字谜。

谜面：刘备闻之则悲，刘邦闻之则喜。谜底：猜一个字。

这个字是个什么字？

这个谜有些文化的味道。

大家边说边吃边想着这个字。独有韩石山身边的山西老乡沉默不语。

韩侧问他，他犹犹豫豫地说了个什么字，显然离谜底有些远，更没能引起大家的注意。好像是我说到关羽和项羽的羽时，韩石山才果断地亮出谜底是：翠。

上下解开即“羽卒”：闻知关羽亡故，当然是刘备悲伤，得知项羽毙命，当然轮到刘邦喜悦。

直到分手，与韩石山一同从山西远道而来的山西老乡，几乎没有给我，同时也给大家留下什么印象。

我是后来才知道，此人就是谢泳。

3

那次聚会几个月后，我在单位附近的一个小书店，遭遇谢泳的新著《旧人旧事》。

我从书架上抽出这本书，一目十行地扫荡了一眼目录，大约还从鼻子里无声地哼了一下。

我想当然地以为这是一本轶闻掌故一类的书——这一类书已经出得太多太滥，已经败坏了读书人的胃口。

同时还扫了一眼封底的作者简介，年龄不大和学历师专，不像有学问的样子。这种人，能写出有价值的史料吗？

这是上海人民出版社印行的一套丛书中的一本。

沪版图书选题不俗，印制也不错，一向为我所喜爱，这一次只有敬谢不敏了。这套名为“智者心语”的丛书（这个丛书名取得实在一般）共五本，我当时就买了一本王彬彬的《死在路上》。

过了几天，与本地文友董宏猷在电话中谈书，他说刚买了本《旧人旧事》，连说好好好。我听了不以为然。也知道这位老兄买书早把屋子买成了书灾，你要是不想把自己的居室也连带着陪进去的话，最好是不要把他的话当真。

虽然这么想，第二次逛书店时，还是忍不住把这本书再抽出来了，只稍稍地浏览了一下内文，立即就已经明白这里面有误会。于是再习惯性地按我买书的常规，把有关提要和作者简介都认真看了一下。

这一看，才发现那张作者小照好眼熟，恍然想起我见过这本书的作者谢泳。不就是跟着韩石山一起那个有点木讷的山西老乡嘛。

原来是他。

书确是一本好书。

全是一些短小的千字文，写的也全是旧人旧事。但是，作者月旦人物或指陈过往，却有深意存焉。

不是以茶余饭后的泛泛而谈来换取读者半日的闲适，也不是拨弄一点东抄西抄的所谓隐秘来博取书市价位的攀升，而是在旧人旧事的既往中爬墙摸壁，用真实去检索、去叩问一扇扇已经关闭的命运之门。

谢泳在书中探究的人物有储安平、费孝通、冯有兰，胡适、傅斯年、陈寅恪、张东荪、周扬、冯雪峰、吴晗、钱钟书等等，全是名人中的名人。作者无意于探究他们私人生活的隐秘，他关注和立足的是，这些人物思想的演变和转移，以及这种演变转移与时代的不寻常的关联。

作者为自己定做了一把标尺，这把尺叫做：自由主义知识分子。

这把尺像登机前的安检通道一样，守候在每一篇文章的出口。思想的自由度和人格的独立性，是他测量和判别笔下过客的唯一标准。

不管这人物是多么了不起，或者多么地值得尊敬，他都毫不容情，没有商量地一一丈量他们在1949年前后的不同作为，以及思想变迁。

1996年的谢泳，还只有35岁，有这样的眼光，真的让我很吃惊。

作为一本学术的随笔，谢泳的文字有一种少见的平实，没有一点学究气，也不会幽默或者调侃。

他平实但不随和。不仅不随和，而且非常地认真。他的平实，是用常用字写作的那一种平实；他的认真，是吾爱吾师吾尤爱真理的那一种认真。

他书中谈论的人，就声誉而论，多是现当代文化史中的大名人，无论该打该罚，也不是什么人都可以谈论的。

由于见识不俗，又有作为后来人所见证的事实作为强大的后援，因此，所思所悟，既具有历史的沉重与感伤，又不失现实的观照与关怀。

他的最大特点，是用事实说话。很多时候，他都并不急于表白自己的态度和观点，他像恩格斯先生说的那样，让立意隐藏在事实之中，而不去特意指出。

现在的中青年学人，愿意不避繁难地钻在史料堆里去钩沉爬梳，一点一点地扎实自己的学问根基，不是太多，而是不多。更多的人是逞才使气，凭着手中不多的一点材料，加上天才的想象，即可日涂万言。

读谢泳的时候，不免时时想着与他会晤的情景，心想真是人不可貌相。

4

不久，收到谢泳惠寄的新著：《学人今昔》。

还是一些旧人旧事。他在后记中说：

收过的文章，绝不入此集，日后也不编来编去。

谢泳1994年来武汉，就是为这本《西南联大与中国现代知识分子》搜查资料。这是我见到的第一本较为系统研究西南联大与知识分子的书。

看到这段话，心里说真是了不起，谢泳，我要向你致敬。

看看民国时期的现代文人，全靠文章吃饭，也没有作协给发工资奖金，他们编集子，二心集就是二心集，三闲集就是三闲集，谈龙集就是谈龙集，谈虎集就是谈虎集……没有编来编去的。

过去的文人或出版商都这样的，这好像是一种约定俗成的行业道德。

然而，俱往矣！

看看书市上一些当代名人或当代出版商们印行的各类集子，该有多少是在编来编去的，往往一本书中的新作，只有一小部分，弄得痴情的读者都无所适从。

新著中有一篇文章，题为《该修订的没有修订》，是关于《现代汉语辞典》修订版的读后感。此稿最早是寄给我所在的报纸副刊。

我在看稿时，考虑到某些非文章因素，稍稍改写了其中一句话——部分地遮蔽了或隐藏了原句式中的锋芒。

我让人转告他，此篇投稿给刊物或者出书时，再恢复原貌吧。

我知道，改过的地方，不如原来那样明白率真。

后来我才听说，谢泳处理自己的稿子，一是不留底稿，二是稿子无论用或不用，只投一个地方。翻阅新著中的这一篇，发现改过的地方依然在上面（我都不记得原话是什么样子了）。

如果真是因为他没有底稿而导致如此，那就是我的不是了。

看到这篇文章，我觉得有些对不住他。同时也像鲁迅先生在《一件小事》中说的那样，感到了自己的渺小。

5

近些年，随着他研究和文章的关注视域的扩大，谢泳的名声越来越大了。

一个最为显性的例证是2007年，著名的厦门大学邀约至今仍只持师专毕业文凭的他，到该校去做教授。

厦大在中国现代史上就是一所名校。至今宝刀不老，仍是国内高校中的品牌大学。

此事已成为中国文化界和教育界的热点事件。在网上键入“谢泳”二字，立即会出现“谢泳和厦大”、“谢泳事件”的链接。

媒体报道甚多。一篇报道的标题是《厦门大学破大学天荒聘专科文凭学者为教授》；另一篇报道开篇即说：“因引入谢泳，中国政法大学法学院教授杨玉圣，将厦大校长朱崇实誉为当代蔡元培。”

此前，国内至少有四五家大学希望谢泳能去教书，但都因为学历问题，最后没有结果。

厦大也并非说去就去的。其间，厦大将谢泳的学术著述分别送北京大学中文系教授谢冕、南京大学文学院院长董健、复旦大学中文系主任陈思和、北师大张健教授等国内著名学者评审。他们对谢泳的学术成就和研究能力都给予了不错的评价，方才有了正式邀请。

就这样，还被认为是“破大学的天荒”。

我对谢泳的印象，仍停留在十多年前那次见面。

他还是那样讷于言吗？若是，怎么能讲好课。

这么想着的时候，在《南方周末》上看到关于他的报道和他的答记者问。

谢泳的第一本书《旧人旧事》。从书名到封面都不事张扬，与谢的为人相仿。

报道说："课堂上，这位新来的教授，常以'诸君'称呼学生，课下而兴未尽，索性约赴咖啡馆，继续畅谈。"

报道中，差不多还一大版的答记者问。一问一答，更见出他的机敏和健谈。

试摘两条：

南方周末：您对文化领袖的定义是？

谢泳：严格来说，用"领袖"一词并不恰当，他与普通知识分子与民众之间并不是领导与被领导的关系，我是想强调他们在精神上的引导意义。文化领袖必须兼具学养与人品，能对知识界产生重大影响。他不一定受到官方的认可或重用，但他的言论能对社会产生影响。近代以降，从康梁到胡陈，再到鲁迅，其实他们对社会的影响，在实际上是起到了文化领袖作用的。一般来说，他们具有社会各阶层普遍认可的声望，他们的这种声望不是来源于体制给予的社会地位，而是由于自己对社会进步保持了热情，获得了社会的普遍尊敬。他们不一定和政府处在对立地位，但对政府明显的失误是敢批评的。他们的思想有超越性，在精神和道德上让社会有较高的认同感。

南方周末：今年（注：2008年）也是知识青年上山下乡四十周年，这批人中产生了哪些有担当的知识分子？他们之于这个时代的影响？

谢泳：四十年之后，当年的知青已出现重大分化，从政的许多已进入政界高层，对中国的影响不言而喻，普通工作者则面临或已经退休，淡出历史舞台。他们中间，还不能说产生了文化领袖，因为他们获得的学术训练和教育的时代有很大局限。在文科领域，他们中产生了一些优秀的作家、学者；但在科学领域，出优秀科学家的可能性较低。具有影响力的知青，集中于1977年恢复高考后的老三届。恢复高考，可能是三十年改革开放惟一没有受到批评的改革。它对中国发展的巨大贡献是个基本常识，我不再赘述。我想说的是，那个时候的高考主要意义在考试形式，但高考内容与以往并无本质区别，那一年的高考作文题是《心里的话儿献给华主席》（注：各地作文题不尽相同），就文科而言，那些更具个性和独立思考的人，不能说完全没有被埋没。另外就是当时也有政审，你如何面对严格的政审，你敢不敢坚持独立的思考，决定了你能不能进入大学。四十年之后，正是当年通过了政审挑选标准的知青，多数掌握了对中国各领域的发言权或影响力，他们的器局有多大？理想有多高远？现在也需要我们反思。

这个口若悬河侃侃而谈的谢泳，还是那个我见过的谢泳吗？

我忽然想到两句话。

一句是：十年磨一剑。一句是：士别三日，当刮目相看。

夏坚勇
慢了半拍的辉煌

●很多人认为他的文章超过了余秋雨，可是，总有个地方让人扼腕……

● 篇首附识

对一切渗透着商业炒作气息的畅销作品，我都会本能地保持距离。看宣传，就觉得夏坚勇《湮没的辉煌》与余秋雨的历史文化散文大致相仿。——读了这本书的一些篇章后，我竟然被震住了：写得还真是好啊。——无论怎么说，夏的出现，是在余秋雨《文化苦旅》大红大紫之后，难免拾人牙慧之嫌。辉煌是辉煌，惜乎慢了半拍。

我一直都比较关注报纸的读书版或读书类周报，喜欢看上面的书介书评。作为一种阅读提示和新书搜索，读书版或读书周报，是最直接的媒介。

很早，在报纸的读书版上看到夏坚勇的《湮没的辉煌》一书评介，还有赞美的书评。

我是用一种挑剔甚至是嘲讽的眼光来看这本书的。

对一切渗透着商业炒作气息的畅销作品，我都会本能地保持距离，决不轻易地支付自己的信任。

在矜持的距离后面，我常常是用沉默的对峙取代匆忙的趋时。

看介绍和书评，知道此书的内容与余秋雨的历史文化散文大致相仿。就想，这个夏坚勇，也未免太跟风了。余秋雨的历史散文已是名满天下，你跟着写这样的东西，还能写出什么新玩艺来？

再看作者的身份，也让人生疑。

余秋雨，人家写过艺术理论专著，又有学者的身份垫底，写历史文化散文，是顺理成章的事情。

这个夏坚勇，供职于江南一个小城镇的创作室，甚至学历，好像也不那么科班。

但是（这真是一个有时使我们聪明有时又使我们难堪的绝妙好词），在读了夏坚勇这本书的一些篇章后，我竟然被震住了：写得还真是好啊。可以说，一点也不比余秋雨的差！

甚至，要好过余秋雨。

并非我一定要拿夏坚勇的书和余秋雨比，这本书的推销者似乎也是这样在引导着我们。

比如，封面的格式和色彩，就和余秋雨氏的《文化苦旅》差不多。一晃眼，只看封面设计，不注意书名，还真有点难分彼此。

晃眼一看，这本《湮没的辉煌》封面设计，其构图框架与《文化苦旅》很相近。

封面上，还印有几个醒目大字：文化大散文系列。这个取名也让人摸不着头脑。

什么叫大散文，是这样篇幅达上万字的，还是这类写历史遗迹的？

如果是前者，鲁迅、知堂、林语堂、朱自清等等一大拨现代文人的散文，多是一两千字左右，算不算大散文？

若是后者，史铁生的《我与地坛》，字数也是上万，却没有搜罗地坛的史料掌故，也没有过多地发思古之幽情，算不算大散文？

如果都不算，就对人的心灵或精神的深刻开掘这一点而言，《我与地坛》恐怕要在《湮没的辉煌》和《文化苦旅》之上。

《湮没的辉煌》最后一篇，写的是作者故去的乡下母亲。如果这也算是大散文，那就等于是说废话。

一般的畅销书，打一些半通不通的口号，倒也没什么好说的，偏偏这是一本很有品位的书。

也许，这么做有一个非常实惠的好处，那就是，此书出版后，短短的两三个月内就重印了一次——不知良好的销售业绩，是不是得自于成功的炒作？

撇开充盈商业气息的炒作，这书，确是一本好书。

同是写历史文化，夏坚勇的文风雄阔浑朴，情绪冷峻激荡。比之余秋雨的风格，似乎更适宜于描摹历史的沧桑。作者的见识，作者的文笔，都比余秋雨更沉雄，也更为大气。

无论怎么说，夏坚勇的出现，是在余秋雨大红大紫之后，难免拾人牙慧之嫌。

辉煌是辉煌，惜乎慢了半拍。

上个世纪，有一个法国人说过一句已经被用滥了的格言，我只引用格言的后半句。

他说，第二个把女人比做花的就是——还是不说出那最后两个字吧。

因为，在我看来，夏坚勇毕竟是一位难得的散文家，《湮没的辉煌》也应该是一部佳作。

第三辑

悖离与融合

韩石山

文坛刀客的酷评与远攻近交

●他走的就是酷评路子，自嘲是谁红跟谁急，只是一写到山西乡党，就变成口含蜜糖的宽厚长者……

● 篇首附识

他的志向是“擒贼要擒王”，他的目标是“谁红跟谁急”，一开始走的就是酷评的路子。他锋芒毕露，骁勇善战，左冲右突，见招拆招，既英名振荡，又恶名远扬。——就像王朔批谁都不会批王蒙一样，就像余杰批谁都不会批钱理群一样。他的老窝新居都在山西太原，他的酷评策略是远攻近交。你看他一写到山西文人的评论，再不是那个刀光剑影、喋血沙场的骁将了，而变成一个慈眉善目、口含蜜糖的宽厚长者。

1

批评是一柄双刃剑。批评者在度量别人胸襟的时候，自己的才学与胆识也在被度量着。

韩石山最早是写小说的。

他的批评，发轫于20世纪80年代末。

他耕耘勤奋，很短时间就出了一本厚厚的评论集。此后一发而不可收，在排列森然的文化阵营之中，他锋芒毕露，骁勇善战，左冲右突，见招拆招，既英名振荡，又恶名远扬。

写评论，需要一种制高点。20世纪60年代初叶，茅盾曾写过好几篇年度小说漫评，成为中青年作家们的阅读宝典。

必须承认，茅盾的成就名望学识乃至年龄阅历，均使他能对那一时期的作家与作品做一种无顾忌、无遮拦的俯视。

韩石山却没有这样的优势。

偏偏他的志向是“擒贼要擒王”，他的目标是“谁红跟谁急”，一开始走的就是酷评的路子。

他矛头所指的对象，名声或者年龄，不少是大于他的。

这种情形可能带来的某种失重或困难，对他的内功是一次不小的考验——否则他还未出手，就有可能伤害了自己。

2

韩石山似乎需要一种心理上的支撑，来平衡或化解那种并非全是由学力决定的失重或困难。

他评价贾平凹时如是说：

> 我与人交谈，平素可虚与委蛇，唯作文章，但求直抒胸臆，既不愧于自己的谫陋，也不敢念及朋友的情分。

明白了。他的心理支撑，说简单就简单，说复杂也复杂，就是两个字：诚实。

这年头，用诚实的态度做人做文的太少了。——因为太难，所以才太少。

这里面的道理，可以再写十本书，那不是本文的承担。其实，也可以不写，或者说用不着我来写，这里面的道理，套一句俗语，地球人都知道。

实在用不着我在此处饶舌了。

选择了诚实的态度，他就像那个说出皇帝没穿新衣的孩童，口无遮拦，无欲则刚，看着谁破绽百出，看着谁以劣充优，看着谁红得不讲道理，他就下手。

他下手还挺狠的。

不妨摘几段，看看他是怎么批判那些成就或名声在他之上的名人。

在《反叛了的“钱迷”》中，他评说有文化昆仑之称的钱钟书：

对于钱先生的学问，我没做过研究（《管锥编》仅看过两本），不敢说什么，但有一点是敢说的，那就是《管锥编》等著述用文言文写作，我是不敢恭维的。若是他能像胡适那样，用白话文写学术文章，纵然写得不太好，我也不好说什么。现在不是疯出各种经典著作的白话本吗，我倒希望有人出上一本《管锥编》的白话本，看看还剩下多少学问，就可以知道其底蕴了。我的前提是，若是道理，用文言文能说清的，用白话文也能说清；用文言文说起来含混的，用白话文也说不明白。

在《王蒙：是又怎么样》中，他批评王蒙为小说《坚硬的稀粥》遭攻击而写的辩解文章缺少气节：

王蒙的过错在于，既有勇气写出这样优秀的作品，就应当有勇气捍卫它的纯洁……如今作出这样无力的辩白，形同乞讨，只能说有些句子也还油滑可喜，不失王蒙本色。当过文化部长的人，没有一点文化人的气节，实在令人失望。

在《我看“马桥之战”》中，他评说韩少功为作品而引发的诉讼：

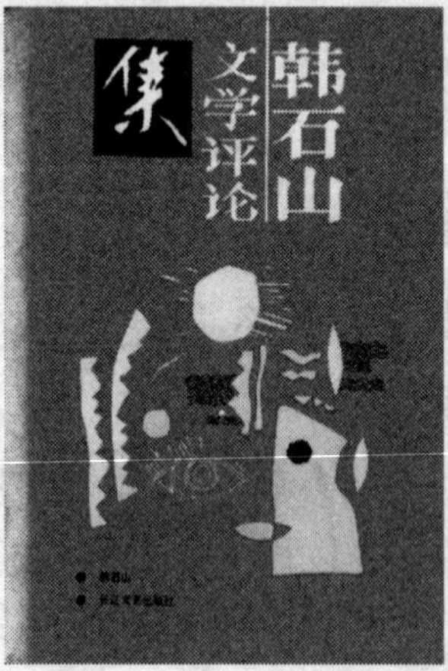

《韩石山文学评论集》，这是他的第一本评论集，从此一发而不可收。

海南这个地方，文风甚奇，出了个叶蔚林，一抄再抄，出了个韩少功，一仿再仿……再后来看到韩少功要打官司，实在说，我是不以为然的……作家手中有支笔，什么样的文章不能写，什么样的道理讲不清，怎么能靠司法机关来对付另一个写评论的作家？

在《谢冕：教人怎么敢信你》中，他评说谢冕主编的两套书系出现的重复与矛盾：

说你不学无术吗？你也曾著书立说。说你坏了心术，故意要惑乱学界视听，愚弄广大读者吗？你是堂堂北大的教授、博士生导师，我实实不敢作如是想……上面这些话，本不该我说的。可你拿正事当游戏，做得实在出了格，不光污了你半世清名，也污了北大百年的盛誉，我还是忍不住说了。

在《王朔为什么批评金庸》中，他如此评说王朔：

从文学品格上说，王朔和金庸差不了多少。若从人的品格上说，可说差远了，不说别的，光从大的政治事件的眼光上，金庸还不能说是个糊涂人。王朔则不然，我至今没有听说他在政治眼光上有什么独到之处……他嘲讽的对象，几乎全是对准知识分子的，对准文化人的。他也批评社会，其心态是，你们懂得什么，这是咱家里的事，咱最知底细。骂吗，看咱是怎样骂的，你们敢这么骂吗?一副豪门恶少的腔调。他的小说写得好,全是沾了心态好的光。一个什么脏话赖话都敢说的作家,怎能不让草民百姓看了大过其瘾?

不摘了。还有余秋雨、汪曾祺、魏明伦、浩然、刘心武、张中行、鲁研界的文学专家们等等。

通读了韩石山评论的大部分篇章,发现越是谈到名人,名人的腕越大,他的笔越是放得开,越是议论风生。他写得较好的,正是那些放开了来写的“酷评”。

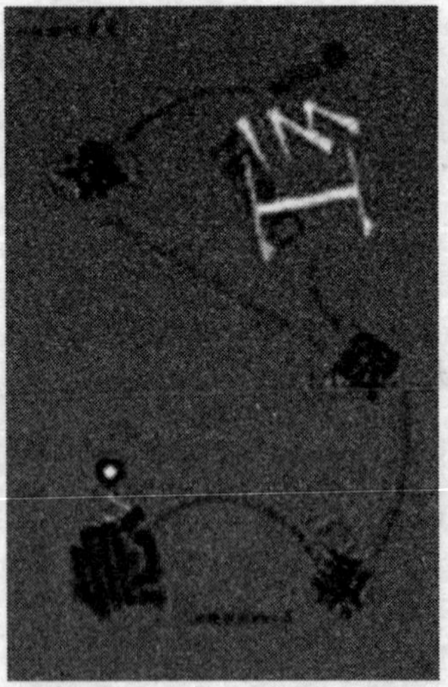

韩石山的酷评专著《谁红跟谁急》。标题五个字,没一个是老实排列,有些恶作剧也有些顽皮的样子。

3

说到酷评，有人把韩石山和王朔归为一类，其实二人有大区别。

批评家们一般都会给自己上一道保护色，即先把自己贬损一番，或者自嘲一番。这么做，是聪明人的手段。

把自己易被人攻讦的地方先给挑明了，把自己先给矮化了，这就等于是先把别人的嘴给封上了。

王韩二人都有这样的自嘲，在表述上，却有文野之分。

王朔的表述是：

我是流氓我怕谁。

透着痞子气，近于耍赖。这是王朔的一贯风格，也是他的标签。不适应的文化人，哪还顾得着较劲，赶紧捂着鼻子躲得远远的。

韩石山的，除了前面引述的直抒胸臆说之外，在一本批评集中，他有过类似说辞，不妨摘录一段：

投枪、匕首云云，不敢自况，充其量算是一根小木棍吧，还得先在自己身上试试轻重，才敢甩出去。且先预订下我的怯懦，还有我的罪过。

最后一句，有点鲁迅序言的味道。

将韩石山的意思用王朔的句式来表述应是：我是书生奈我何。书呆子一个，又是怯懦又是罪过的，还没上阵就开始赔礼致歉，秀才造反十年不成的家伙，你跟他顶什么真，犯得着嘛。还是付之轻轻一笑让他去闹腾吧。

都是堵别人嘴的意思。可用语和气质，迥然不同。

4

韩石山并不是傻老冒，他的酷评也是有分寸、有选择的。

这一点，就像王朔批谁都不会批王蒙一样，就像余杰批谁都不会批钱理群一样。

韩石山的演讲很吸引人，他有见识，语言又风趣，所以许多地方邀请他。

韩石山的老窝新居都在山西太原，他的酷评策略是远攻近交。

你看他，一写到山西文人的评论，再不是那个刀光剑影、喋血沙场的骁将了，而变成一个慈眉善目、口含蜜糖的宽厚长者。

还是用实例来说话。

山西近年出了个葛水平，在全国期刊发表不少中篇小说，成为一时之新秀。他在《葛水平答韩石山问》中评道：

你的突然出现却让我惊奇，堪称异数。

虽说题材迥异，各不相侔，但在你的笔下，也还篇篇俱佳……不管什么题材，不管什么人物，在你的作品中，总有一种女性的精细的观察游荡在文字的表面，又有一种女性的激情沉潜在文字的底里，两者互相交融又各不相害，这或许该是你的作品的最大的魅力，也是你的作品的境界升华的天梯。

谢泳也是近十多年较有影响的中年学者，一直在山西，2007年刚被厦门大学看中调走了。他在《送谢泳先生之厦门》中写道：

谢泳有他的卓异之处……学问扎实，思想深邃，用功甚勤，待人和善……交往二十几年，在我的感觉上，谢泳最大的长处是，可爱。谢泳的可爱，最大的是坦诚。

他在悼念山西作家钟道新《千古文章未尽才》中写道：

一个写作者，你先得有足够的聪明，然后再说别的。从这点上说，道新可说是个天才的小说家。

他在评长篇小说《草莽》一文中写道：

作者张不代，我的一位朋友……这是一次悲壮的出击，成功不是他所想望的，他要的是一个生命的完美。与其说这是一次出击，莫若说这是一次自焚，摒弃了世俗的诗人的英名，他要的是烈焰中那辉煌的一瞬……敢说的是，这是一种更高意义上成功。

他在《李英杰自传》序中写道：

在山西南部那个叫临猗的县里，李英杰可是响当当的文化名人……一看就让我迷住了。且三个月之内，看了两遍……你看这写法，多像一出精彩的大戏，一场一场地演下去，高潮迭起而意味悠长，又多像一幅浓墨重彩的油画，一笔一笔地涂上去，终于成为一幅艺术的巨制。最为神奇的，该是事件的调度，因果的交错。后果在此，而前因在彼，不因前因而影响后果的奇突，也不因后果的侧重而削弱前因的分量。再说语言。最大的特色该是，句子不长，衔接自然，干净利落，从容顺畅，隐隐然又有种丝竹之气……无论从哪一

> **方面说，这都是一种有意味的文字，一种有黏性的文学语言。好多作家，孜孜矻矻几十年，都未必能臻此境界。**

行了。

上述五位，先不说名声大小，在全国有知名度的，顶多就前三位。

韩先生对五位的赞美之辞，差不多要登峰造极了。

这五位，若要论及他们在中国文坛的分量、成就和名声，比之前面例举的韩石山酷评过的文人，不说差得很远，至少目前还难以相提并论吧。

韩石山的新著《民国文人风骨》，他一直认为，作学问才是他的真本事，这本书还只是他作学问的副产品。

这五位的作品，在韩先生的手下能躲过一劫，想来，不会是因为韩先生学问不够或看走了眼，也不是这五位乡党尽善尽美无可挑剔。

那是什么呢？

算了吧，得饶人处且饶人。

知道刀下留人，也许是韩先生的狡黠之处，也许是可爱之处。

金克木
从末班车走下的学者

●像他这样童子功的学者，现在已经不会再有了，后来者望着他的博学，只有自愧弗如……

● 篇首附识

金克木先生的饱学是显而易见的。从小就“在家里一面念诗云、子曰，一面认ABCD”。这样根底的学者，现在已经不会再有了。——停滞的思想和被阻隔的历史，跟严肃的时间玩了一个倒转的游戏。怪不得金先生这一辈学者常常会看着时代发笑。他们凭着前半生的学问，就足以在几十年后，仍然引领学术的风骚。后来的求知者们望着他们的博学和睿智，只有自愧弗如。——如今的中青年学子，躬逢商业主义的盛世，在物质丰厚和资讯齐备的双重优待之中，能做到像金克木先生这样饱学的人，不知有几位。

1

几年前，曾读到金克木先生的随笔《末班车》，心想老先生的文章虽然一向写得机智顽皮，但毕竟是做过印度文化和佛教研究的，为什么过早地说一些向人生道别的话？

从第一次读到金先生的文章开始，就特别的喜欢。尤其是他在《读书》杂志上的学术随笔，几乎篇篇都认真读过。

金克木先生的饱学是显而易见的。

用他自述中的话说，从小就“在家里一面念诗云、子曰，一面认ABCD”。这样根底的学者，现在已经不会再有了。

少儿所学与成人后的补修，完全是两种境界。

远在20世纪40年代，金先生就读过萨特的法文原著《存在主义是一种人道主义》。

过了近半个世纪，到80年代初叶，复苏的中国再开启蒙课，笔者作为当时的年轻人，方才知晓萨特及其存在主义。

停滞的思想和被阻隔的历史，跟严肃的时间玩了一个倒转的游戏。

怪不得金先生这一辈学者常常会看着时代发笑。他们凭着前半生的学问，就足以在几十年后，仍然引领学术的风骚。

后来的求知者们望着他们的博学和睿智，只有自愧弗如。

2

看过一份金克木先生著作目录。

1949年以前有6本，1949年至1980年有3本，而1980年之后的金先生，创造力惊人，小说、诗歌、译著、专著，全面开花，竟有23本之多！

金先生的学问，不是我这样的后辈可以随便评价的（这样的功课还是留待王朔们或余杰们去做吧），但他的文章确是写得好，尤其是他的学术随笔，与其他活跃于新时期的几位老先生，不说炯然有别，至少是不一样的。

一个人书读得太多，难免要用平生所学去印证现在，推断将来。金克木先生的每篇文章，差不多都如他描述的那样，“由今而古又由古而今，由东而西又由西而东”。

古今也好，中西也罢，无论指向哪里，他一点也不掉书袋。他旧学新知兼备，又是比较的高手，总能一下子就点住穴位，让八面来风自由地往还。

要说金先生文章的特点，一个特别明显的地方是，他似乎特别喜欢说半头话，常常是点到即止，或者还没点到就止住了。

他的行文，是调皮而跳荡的，从来不肯老老实实地把一件事说完整，以为别人也和他一样饱学。

刚刚引接到西方，忽然又跳入中国古典，不等你看出滋味，

金克木的《书读完了》。书读完了，这样的文章只有他敢写，写了别人还没脾气，也没人拍砖。

又闪回到现代，到了下结论的时候，他往往又在王顾左右而言他。仿佛一位睿智而诙谐的老道，笑着用雪白的长眉望着你说，难道还不明白，这点悟性还是有的吧？

这也是金先生的文章特别耐读的原因。

往往，在他止住的地方，可以咀嚼，也可以再写一篇文章出来，这是他和张中行或季羡林二老截然不同的地方。

当然，也有不少读者觉得金先生的文章太涩，可让他们去读张中行和季羡林吧，又嫌太啰嗦，或者平淡无趣。

上述居住北大的三老，均是新时期以降，活跃于随笔领域的学者。针对三人的不同，口无遮拦的北大才子余杰，作过直率的简评。

金克木的《倒读历史》。没有通透的学识和倒背如流的功力，谁敢倒读历史？

不妨引来看看。

关于张中行先生，他评曰：

张中行先生有不少好文章，但大多数马马虎虎……张先生的文章，佳处在于平等，缺憾也在于平等。他不倚老卖老、不板着面孔教训人，使人如坐春风，如沐秋阳，这种平等是一种了不起的境界……《负暄琐话》倒还可读，到了《续话》《三话》就给人以挤牙膏的感觉。

关于季羡林先生，他评曰：

张中行先生的文章倒还有几分味道，季羡林先生的文章就更等而下之了。张文如酸梅汤，季文如白开水……作为翻译家、语言学家的季老，我是打心底里佩服的，但说到散文，我则认为，季老

老年的金克木，是个机智的“老顽童”。

算不得好的散文家……做文章与做学问不一样，做学问最重要的是勤勉，做文章最重要的是才气，季老的学问做得好，但做文章的才气明显不够。

关于金克木先生，他评曰：

老先生们的文章，我只喜欢金克木一个人的，喜欢里面的智慧和幽默、生机和顽皮，金先生该是老顽童一流的人物，故老来仍能作好文章。

金克木的《末班车》。

很多人认为，余杰狂情狂傲，或桀骜不驯，我对此人不了解，文章也读得不多，无法鉴定甄别。但是，他对三位大学者的文章评价，我以为大致不错。即使有错也错得不远。

我读过几篇季老的散文随笔，感觉从见识到文笔，都有些大路货，比较一般。有位文友更极端，认为对季老散文随笔的评价，可以见出一个人文学鉴赏力的高下。余杰虽然没有细致分析，却是一针见血。读过张中行、季羡林、金克木的人，大多会认同这个判断。

3

除了文章好，比较可爱的是，金克木先生从不放弃对当下的关注。

举凡学术问题，社会风气、影视文化、当代创作等等，他都饶有兴味地参与其中，像一个忘年的老顽童。

近十余年间，他在《读书》杂志就撰稿一百多篇。

实际上，过分孤独或与世隔绝，是人生大忌，童心不泯的老人往往长寿，金先生享米寿（88岁）之年后辞世，即是明证。

现在，金克木先生已远离我们而去了。与他同代的学者还有少许，也只能是颐养天年，恐怕很难再有新的著述了。

实话说，在学问上，我们无法，也不应再对这一拨高龄学者有过多和过高的期许。

那一代人，在几十年的战乱中，仍然做出了薪尽火传的事功，堪称难能可贵。

我想问的是，如今的中青年学子，躬逢商业主义的盛世，在物质丰厚和资讯齐备的双重优待之中，能做到像金克木先生这样饱学的人，不知有几位。

写到这里，不禁还想问，不知今日之学界，竟是何人天下？

不知道。

得知金克木先生逝世的时候，把他的《末班车》又找出来看了看。看到最后，浑身的肌肤，竟然一阵阵发紧。

《末班车》既是一本文章集的书名，又是这本书的代序，他在这篇写于1995年11月的文章结尾处说：

我渐渐不懂这个世界。同样的，我想，这个世界也不懂得我了。我在这个世上已经是完全多余的了……望见终点，我挥舞着这些小文章要下车了。

两个人
君主的伤痛和戈多的谜团

●女人堆长大的君主写出女性般细腻的婉约词章；谜一样的戈多在中国近似小丑……

● 篇首附识

这是两则短章。——与许多世袭皇帝一样，李煜在女人堆里长大成人。没有学到治国安邦的雄才大略，却以比女性还细腻的柔弱和敏感，写出了足以穿越千年的婉约词章。幸运的是，他竟然由此获得了比做一任平庸皇帝更为长久的名声。——在贝克特那部震撼西方的戏剧《等待戈多》中，到底谁是戈多，相约在什么时候什么地点见面，连两个在等待的人自己也闹不清楚。戈多终于没有出现。说到底，戈多是西方人的专利。对于渴望发展和心急火燎奔小康的人们来说，戈多更像是路边一个不可理喻的小丑。

平庸的皇帝与一流的词人

梦里不知身是客。

——李煜：《浪淘沙·簾外雨潺潺》

昔日的光荣已经恍若隔世，只有仿真的梦境可以复原昨天的现实。

难得的是，作者仍然保持着可贵的清醒，固执地用笔宣泄与记录着不尽的愁怨，终于为此而断送了性命。

即使作为失败的亡国之君，李煜也不具备什么典型意义，然而凭着这样令人常读常新的名句，却足以使他在中国诗词的沃土上穿越千年。

说得真好：梦里不知身是客。梦是一个比权力更接近想象和诗意的好东西。

让今天的智者不能忍受的是，梦醒之后仍在延续长梦中的贪欢而执迷不悟：

……股市中不断升腾与坠落的荧光排行，让我们忙乱的视觉没有片刻的宁静；

手机的鸣叫，没有节制地预约了我们的昼夜；

无休止地做大做强的追寻，诱引贪婪的人在梦的纵深迷途难返……

商业主义的现代神话，在一望无际的欲望中长驱直入；

客走他乡的灵魂祈求返还家园的呼唤，不断被朝三暮四的许诺所消解；

长梦不醒，这正是现代人的肤浅。

由柯宝成等人编注的《南唐后主诗词全集》，收录了李煜的全部诗词作品。

李煜伤痛欲绝的词句震古铄今，长久诵读，也许可让我们保持一份心灵的清醒。

彼岸的戈多太不受用

1

在贝克特那部震撼西方的戏剧《等待戈多》中，戈多终于没有出现。

这是对的。

因为，比戈多的出现更重要的是等待。

《等待戈多》的作者
塞缪尔·贝克特

等待。正是在悠长而焦虑的等待中，过程的荒谬无可挽回地演化成存在的荒谬与目的的荒谬。

如果戈多不是始终不渝地站在人们的视线之外，这种过程与目的的置换几乎是不可能的。

而且，正是戈多的没有出现，使等待戈多成了一句誉满全球的名言。

2

不能也不敢想象，倘若戈多真的出现，人们该会怎样的尴尬与难堪——他们既难以置信又惊诧莫名。

因为人们无法同时追寻两个目的，正像一个人无法在同一时空内面对两个恋人一样。

《等待戈多》剧照。

茫无际涯的风雪并未阻隔戈多的脚步。

真正切断人们视线的，是心灵中不能胜任的责任与欲望。

3

说到底，戈多是西方人的专利。

连时候和地点都没有弄清楚，仍然天复一天地等待着，结果什么也没有等来。

——这是一个让许多中国人扫兴的故事。学者李泽厚先生曾经说过，行销中国的观念或理论，必须具有实践和实用的品格。

《等待戈多》剧照。

等待戈多，演绎的是一个关乎彼岸世界的纯精神事件。

我们太忙，只争朝夕还无法缓解时间支配上的供需矛盾。

从这个意义上说，戈多未免太不受用了。

我们无须等待和呼唤戈多。

对于渴望发展和心急火燎奔小康的我们来说，站在荒野路边执著地等待着的那两个人，不过是两个不合时宜的傻冒。

而戈多，更像是路边一个不可理喻的小丑。

茨威格
为陌生女人写来信

●用歌德的“我爱你与你无关”来解读茨威格的这篇名作，有点隔靴搔痒……

篇首附识

2004年，有影坛才女之称的徐静蕾，将奥地利作家茨威格的小说《一封陌生女人的来信》改编成电影，让这个名篇又热了一阵子。谈到对这篇作品的理解。徐静蕾说，爱情就像歌德所说的，"我爱你和你没关系"。——歌德当然不可能读到百年后的茨威格。用这句话来解读茨氏的作品，似乎有点隔膜。——与茨威格这个作品联系更为紧密的，应该是比茨氏大25岁的精神分析学家弗洛伊德。二人同为犹太人，又曾生活在同一个时代的奥地利维也纳城，茨氏是其追随者。

1

2004年，有影坛才女之称的徐静蕾，集编导演于一身，改编了奥地利作家茨威格小说《一个陌生女人的来信》。

一时间，这个快被大众读者忘却的名篇，又成了热门畅销作品。

据《金陵晚报》报道，2005年10月徐静蕾带着电影新作《一个陌生女人的来信》来到南京。人们要探问的，自然少不了这位未嫁美女加才女对爱情与这部关于爱情的电影的态度。

徐静蕾显然是有备而来。她回答说：

歌德曾经说过，“我的爱与你无关”。我觉得说得太对了，现在的我不求别人对我的保护，我认为爱情更需要付出。其实付出的时候比得到的时候更快乐。

记者在报道中，提到电影的意图时，这样写道：徐静蕾说我的故事就是要告诉大家，爱情就像歌德所说的，“我爱你和你没关系”。

我第一次读到茨氏的《一个陌生女人的来信》，是在20世纪70年代末叶。读后刻骨铭心、欲罢不能的感受，至今仍记忆犹新。

年轻的茨威格，有几分风流倜傥。

这是一个关于爱情的故事，也是一个关于付出的故事，但，却不应是一个快乐的故事。

虽然有一句我们耳熟能详的名言叫做，比天空更辽阔的是人的心灵。但是，谁都知道，人与人之间封闭得最紧的就是心灵之门。

人类的好奇心与窥探欲，在这一点上永远无法得到如愿以偿的满足。

我们应该感谢文学，尤其是感谢那些以心理描写为己任的文学。

正是这样的文学为我们描摹了纷纭繁复的一个又一个心灵的标本，让我们在理解各色人等的心灵时，有了把握和捕捉的现实尺度，从而使我们能够发出似曾相识的会心一笑。

谈到心理分析与描写，我不能不首先想到茨威格。尤其是他的《一个陌生女人的来信》。

2

小说中，预伏着一个相当曲折的故事。

但是，作者却无意于讲故事，而是写成了一篇典型的心理分析小说。他的有意为之（并非“一不小心”），成就了一篇用心理分析手法来写小说的经典名篇。

不妨先来重温一下原作。

一个只有13岁的少女，以一种单纯的贞洁爱上了住在自己对门的新邻——一个25岁的青年作家。从此像中了魔似地单恋着他。她一厢情愿地刺探他的行踪，观察他的出入起居。

这中间有许多细节叫人颤栗。

比如，有一天她正站在大门口，他从外面下车回来，她情不自禁地帮他打开了大门。他只是像看所有的女人那样看了她一眼而已。而她，这个可怜的13岁的小女孩，竟然自我感觉自己从一个尚未成年的女孩，一下子就成长为一个女人了！

此后，也就永远死心塌地、舍身忘已地认为此生就属于他了。

生活中许多在人们看来似乎是没有来由的、不可解释的爱情，其实这来由这解释是有的——它存在于人们肉眼无法洞穿的内心。

小女孩身上出现了不可思议的奇迹，她的成绩，突然从平平常常一跃而成为全班第一！

因为他喜欢书本，于是她常常念书念到深夜。因为他喜欢音乐，于是她倔强地学练钢琴。她的校服罩裙上有块补钉，怕他看见，于是她总用书包盖着那个地方。

更多的时候，她从自家房门上的一个圆形小孔里窥视他的房门。

她甚至去亲吻他摸过的手把，去偷他扔掉的烟头。

从13岁到16岁，三年多时间的窥探，她竟然知道了他的每一个生活习惯，认得他的每一套衣服与每根领带，熟知他的不断变换的朋友。

而这一切都是在与毫无接触并且在他毫无所知的情况下获得的！

这，还远远不是故事的全部，还只是一个开头而已。

接下来的情节，更是非有强大的精神与心理支撑，不可能由

茨威格自传体回忆著作《昨日的世界——一个欧洲人的回忆》，充满了对二战前欧洲的怀念以及对法西斯的憎恶。

一个女孩或女人作出。

16岁那年，她母亲要带她随她的继父一起离开这座城市。在一切抗拒都宣告失败之后，临走前的那个寒夜，她为了能偷偷地看他一眼，竟穿着单薄的衣裳在冰冷梆硬的地板上守候到凌晨，一直守到他和一个娇媚地笑着的女人一起回来……

尽管如此，她仍然坚定地认为。从16岁到18岁那两年多的搬离他的岁月里，她过的是一种孤独可怕而又忧郁悲愁的生活。

这些都只是一种心灵的感受，并不是事实。

事实是，她的周围，环绕着她的，是资财富有、性情温和且又待她像亲生女一样的继父，是对她百依百顺的母亲，是一些讨好她的年轻人。

徐静蕾导演并主演《一个陌生女人来信》中的一个镜头。

用时下的术语说，她的生活周围，充满了阳光，充满温情与友爱，充满了甜美与和谐。

她身处的环境实际上是好得让人羡慕!

偏偏，人是靠内心的力量推动着自己。外在的平和与温暖，有时会加倍地使内心的孤独难以排解。

接近18岁的她，又出落得美丽惊人，但她唯一的也是全部的渴望却只有一个：那就是把自己完全地奉献给他。

她无可阻挡地只身一人又到了他居住的城市维也纳。她找了一份辛苦的工作。

全部剩余的时间，她用来去制造与他的邂逅。

终于，他们邂逅了。

女人之于他，都只是玩玩而已，而且玩过即忘。他根本就不认识这个曾经的邻居女孩。这是情理之中的。

他与她在一起过了三夜就分手了。

然后，像许多类似的作品所描述的那样，她竟然有了孩子。为了孩子去卖身。在卖身的过程中，她又一次委身于他。

而他，仍然不认识自己亲生儿子的母亲，不认识这个从13岁起就义无反顾地迷恋着他的女人。

她伤心之极。

最终，让她痛不欲生的是，他们共同的结晶儿子死了。于是，她也要一死了之。

在死前，她写了这封长信——一个陌生女人的来信。这时她已近30岁了。

至此，全部时间跨度为17年。一波三折的故事，穿过漫长的时间隧道，稍作铺展，就可以是一个生动曲折的长篇小说了。

茨威格，只写了两万多字（译成中文后的字数）。

如果不是心理分析，全篇将有一个重大的破绽：一个如花似玉的女子，怎么会爱上一个用情不专的男人？她在13岁时，第一眼就看出他的轻浮与贪玩，她明明白白地知道这一点，却又鬼使神差地被这一点所吸引所倾倒。

在她周围，所有的人都宠爱她，都对她好。只有他，从来就没有认出过她，从来没有把上次见到的她，与这次见到的她当做一个人。

她永远是一个在单相思泥淖中不能自拔的陌生的女人。

但，她至死无怨无悔。

毫无疑问，如果不是茨威格先生为我们展示了全部心灵的真实，我们则会对这部作品保留我们的信任与尊敬。

这位以德语写作的奥地利作家的作品，早已成为世界的财富。

3

徐静蕾的改编，除了场景和人物是中国的，故事情节和叙事模式，全盘移植了小说。

茨威格的作品，大多有着唯美的气息。小说译本的语言也是唯美的。

电影的对白少得几近于无，而从头至尾的画外音，基本上将

晚年的茨威格目光忧郁。

小说译文的主要部分朗诵了一遍。直感是，朗诵结束了，电影也结束了（这么归纳只是表明电影与小说的继承关系，不能否认，电影拍得也确实唯美，尤其是对一位刚开始导片子的非科班的年轻女演员，更是不易——此片能获第52届西班牙圣塞巴斯蒂安电影节最佳导演“银贝壳”大奖，即是明证）。

再回头看徐静蕾的解释。

我总觉得有点隔膜。

倒不是歌德不可能读到百年后的茨威格，而是，茨威格的小说，明显地是在化用和借鉴弗洛伊德的学说。

1911年，整整40岁的茨威格，结识了比他大25岁的弗洛伊德。

这个时候的茨威格，只发表过为数不多的几个短篇小说。而他备受赞誉的名篇《一个陌生女人的来信》，及其全部具有心理分析特质的小说名著和全部的传记名著，都是在认识弗氏后才写出来的。

很早，就有人撰文认为，茨威格是弗洛伊德的追随者，他的小说大部分意旨，都是在描绘人类为情欲所困的精神世界。

曾主持翻译《茨威格小说集》的德语翻译家高中甫先生，在此书序言中如此评价这篇作品：

写情欲和意识与下意识之间的冲突，写处于冲动的支配下不能自制的人物；刻意地去描写、去表现人的下意识活动和情欲的主宰作用。

1931年，在弗洛伊德75岁的时候，茨威格为了表达自己的敬意，也为了向世人宣扬弗洛伊德学说的精神标高，他写下了弗洛伊德的思想传记。

在传记的第一节中，他是这样理解和描述弗氏的心理学：

弗洛伊德以前的心理学要求受过教育的文明人以理性来压制自己的冲动。弗洛伊德则直截了当地回答：冲动根本不可能被压制！而且，如果相信冲动在人们压制它后就会远去、并从这个世界消失是很肤浅的。人们最多只能将冲动从意识压制到无意识中去，然后，它们堆积在那个精神空间，危险地蜷缩着，并且通过它们不断酝酿着神经质的不安、困扰和疾病……

茨威格在为一位陌生女人虚构的来信中，不也是通篇都充斥着在“精神空间危险地蜷缩着”，“不断酝酿着神经质的不安、困扰和疾病”吗……

在这本弗洛伊德的传记最后，茨威格写道：

在欧洲，在艺术，在研究与生命学的所有的领域中，没有哪一位名人的世界观，不是直接或间接地通过弗洛伊德的思想，受到了或正或反的创造性影响……

这些受弗洛伊德创造性影响的名人中，自然也包括茨威格和茨威格用精神分析法写的小说。

茨威格与精神分析学家弗洛伊德同为犹太人，又曾生活在同一个时代的奥地利维也纳城，因此，他能够把心理分析小说写得举世瞩目，我想我们不应该感到意外。

他

一个目光毒辣的人

●与这种人为伍、与这种人相处，会是一件让人难以忍受的事情……

● 篇首附识

这是一个目光毒辣的人。与这种人为伍、或者相处，会是一件让人难以忍受的事情。——我们讨厌这个目光尖刻的家伙，可是，我们却无法让其速朽。正像我们不能让鲁迅速朽一样。这真要让我们感到万分的无奈和不安。

1

我要说的这个人，无疑是个目光毒辣的人。

很难想象，有谁愿意与这种人为伍或者相处，有谁愿意在这种人的目光下生存或者行动——那真是一件让人难以忍受的事情。

幸好，我说的这个人，已经不在人世。

2

他写有一本薄薄的世界名著：《道德箴言录》。

他叫拉罗什福科——这位被英国的《不列颠大百科全书》称之为以一本书立身的法国人，生于1613年，逝于1680年。

我们只能在书中与他相遇。

拉罗什福科的这本《道德箴言录》，译成中文只有141页。全书由641则箴言组成。

若以书的厚薄或体积来掂量，这只是一本小书。

用格言或警句的形式著书立说，古今中外都是代不乏人。而且，这好像还是中国的强项。

这么说起来，似乎没什么了不起的。

不。不是这样。

拉罗什福科与我们想象中的道德大师，太不一样了。

拉罗什福科《道德箴言录》三联版封面。此书后又纳入三联精选集再版。

他提供的道德箴言，会让一部分人脸红，也会让一部分人愤怒；会让一部分人自责，也会让一部分人叫屈；会让一部分人无法安然入眠，也会让一部分人拍案而起。

与一般格言警句判然有别的是，拉罗什福科的这本传世之作，是一本叛逆的格言，是一本教人与世俗作对的格言，是一本和常规相悖的格言，是一本让正人君子不好受的格言，是一本以另类态度观察世道人心的格言。

你说大度好吗？当然是好的。大度是宽容仁厚的长者风范，难道还有什么不好么。——可是且慢。他说："大度只是笼络人心的姿态。"

真诚好吗？当然是好的。真诚可以沟通思想以达到融洽，难道还有什么不好么。——可是且慢。他说："真诚不过是一种想赢得人信任的巧妙掩饰。"

行善好吗？当然是好的。行善不是我们常见的扶助弱者的方式嘛，难道还有什么不好么。——可是且慢。他说："行善常常是为了可以不受惩罚地行恶，而且行太多善的人们比行恶更为危险。"

谦虚好吗？当然是好的。谦虚显示人的胸怀可以使人进步嘛，难道还有什么不好么。——可是且慢。他说："那是出自于一种想被人赞美两次的欲望。"

你会讨厌奉承吗？肯定讨厌透了，不应该讨厌么。——可是且慢。他说："我们有时自以为厌恶奉承，实际上只是厌恶奉承的形式。”

你要谴责诡计吗？这是毫无疑问的嘛，不应该谴责么。——可是且慢。他说：“那是你为了便于自己使用诡计。”

你慷慨大方吗？怎么，难道这也有可指责的吗。——可是且慢。他说：“慷慨常常只是一种伪装的野心，它篾视那些小的利益是为了得到大的利益。”

你承认缺点吗？怎么，难道有缺点不应该承认吗。——可是且慢。他说：“那是想用真诚来弥补因这些缺点对自己形成的不利看法。”

还有还有，他还说慷慨只是一种伪装的野心；他还说忠实只是吸引别人信任自己的一种手段；他还说热爱正义在大多数人那

戏剧大师莫里哀（1622-1673年）是拉罗什福科同一时代人。在法国，他曾代表着“法兰西精神”。《伪君子》是其名作。在鞭挞作伪上，他们可谓异曲同工。

里不过是害怕遭受不义；他还说追求崇高只是为了拥有一切而蔑视一切……

他还说，如果我们自己毫无缺点，我们也就不会在注意别人的缺点中得到那样多的快乐；

他还说，我们太习惯于向别人伪装自己，以致最后我们向自己伪装自己；

他还说，有些自视甚高的人使不幸成为一种荣耀，他们想说服别人和自己相信：只有他们才是配得上命运折磨的；

他还说，与敌手的和解只是出于一种想改善自己状况的欲望，或者是出于对斗争的厌倦，再不就是对某一坏结局的恐惧。

莫里哀的名剧《伪君子·吝啬鬼》中文译本。

……这只是极小部分。类似这样的刻薄解读，像扎手的玫瑰一样充斥着全书。

就是这样，拉罗什福科以一种近于病态的逆反心理，对于那些高尚的正经的德性，对于那些一直被我们守护和效仿的德性，统统地颠覆过来，用耸人听闻的讥讽，给予了不近情理的揭示和鞭挞。

这样的箴言，对阅读者的心灵，都会是一种侵犯。当然，也可以理解成是一种拷问。

面对书中这些奇诡而又一反常态的叙说，读者会感到震惊，感到无所适从。他们会面临确认的两难。

——当你表示认同，举起双臂支持，全盘赞同他的判断，可是，他却指出："我们只是凭虚荣心承认我们的缺点"；

——你坚决反对，完全不同意他的看法，认为这个法国佬太过刻毒，内心太阴暗，可是，作者却在"遗下的箴言"一章中，先知般地埋下了伏笔："人们反对这些揭露人的内心的箴言的原因是：他们害怕被揭露。"

就是这样，在人类每一种言行或德性的路口，拉罗什福科都用一双具有穿透力的、充满怀疑和不信任的眼睛，阴沉地逼视着你，逼视着你内心的每一个隐秘的角落。

3

幸好，我说的这个人，已经不在人世。

这话前面已经说过。

可是，我们却无法阻止他的著作流芳百世，更无法阻止有人拿着这本书像照妖镜一样，照着世上每一个人的后脑勺。

20世纪90年代，中国大陆曾流行一本书，那是由美国人安布罗斯·比尔斯创作，于1906年刊印的《魔鬼辞典》，比拉罗什福科晚了近300年。此书最早由漓江出版社翻译推出，后来出过多种译本，一度很畅销。

无法考证，安氏是否读过拉氏的《道德箴言录》。

但是，两者之间的过于相似的表达方式、反叛姿态和批判精神，却有些一脉相承的味道。

17世纪法国古典主义美术的代表人物普桑，也是拉罗什福科同一时代人，普桑的名画《台阶上的圣母》作于1648年，这一年拉罗什福科还在普瓦图总督的位置上，16年后才写出《道德箴言录》。

实际上，拉罗什福科这本书，自面世以后，在西方世界有许多的模仿者。

需要特别指出的是，拉罗什福科身后三百多年来，不少举世闻名的作家或学者，都曾从他的箴言录中有过思想的获取。

中国读者特别熟悉的司汤达、纪德、哈代、尼采等人，受其影响较大。

更有为我们所景仰的马克思，曾在1869年6月26日写给恩格斯的信中，称赞拉罗什福科的箴言录“很出色”。

人类在社会科学上的进步显然比在自然科学中缓慢得多。

这倒不是因为后来的思想家们才能不逮，而是人类在精神领域中的许多与生俱来的优劣善恶，一直相伴着人类走到临近21世纪的今日，并且还会如影随形般一路相伴至将来。

从这个意义上说，这本诞生于17世纪中叶的箴言录，恐怕还会传世下去。

虽然，这未免有些便宜了这个目光尖刻的法国佬，可是，我们却无法让其速朽。

——正像我们不能让鲁迅速朽一样。

这真要让我们感到万分的无奈和万分的不安。

名人怀念老宅
高调的浪漫和轮空的愤怒

●那些住在高档社区的名人们，并不愿回到他们深情怀念着的老宅中去……

● 篇首附识

经常可以看到名人在电视上忆旧，尤其是谈到曾经居住的老宅，更是极尽称颂和怀念。——可是，现实的情形是，他们多住在高档社区，并不愿回到那些让他们称颂和怀念的简陋老宅中去。——事情就是这样的麻头，廉价的浪漫抒情总只具备观赏性，而缺乏生活的可操作性。

1

中国人很有趣，很多要紧的事一直在叫，已经叫得见怪不怪麻木不仁也没人理会，一旦有某个老外发出了惊呼（当然必须是发达国家的老外，最好是来自美国），事情马上就有人重视了，甚至是发生改变。

发达国家的普通老外，在中国，相当于半个名人。

2

在我居住的城市，同全国多数城市一样，从20世纪90年代以降，就没停止过大兴土木。

拆旧屋盖新居，一个经常被讨论的话题是：老宅该不该拆？

城市中，总有几个一直讨论不休而没结果的热门话题，老屋该不该拆，即其中之一。

最近，这类讨论在我居住的城市又一次被重新唤起。

不同的是，这次是由一位老外提出——一位有着老乡背景的由本地去发达国家定居入籍的黄皮肤黑眼睛老外。

有了老外和老乡的双重身份，重返故里，不知道算不算一种衣锦还乡。

该老外回来看了看，最引他感叹的，是引起无数记忆和怀念的老宅，都看不到了！

他曾经生活或战斗过的小巷，全被一栋栋新楼替代。于是，

汉口旧巷子的一角，这里面的生活五味杂陈，身处大都市的闹市中心，却感受不到新生活的便捷。

耿耿于怀，写了文章，粘贴到网上，奋力疾呼：保护老宅。

顿时，顶顶顶，回应的帖子像雪片飞舞。

媒体也兴奋起来。开专栏讨论，请名人座谈。

实际上，是把过去叫喊过若干次的呼吁，再叫喊着演示一道。

电视上常会有这样的镜头，几位文化名人，在幸福地忆念过去住老宅时的快乐生活。他们越谈越兴奋，同时也越谈越伤感。

兴奋与伤感之后，一定会深沉而激动地呼吁：要保护老式民居，这是中国传统文化瑰宝云云。

看了这些讨论，我常想，老宅要保护吗？

这要看问谁。

问那些住在别墅，住在高档社区的名人、小资、IT族、有身份有地位的人吗？

问一百个人，会有二百个愤怒的声音，高屋建瓴地反弹回来：这还用问嘛！

顿时，你羞愧难当，只恨自己因冒失无知而闯下了大祸，恨不能找个地洞钻进去，或者赶紧抽自己两耳光谢罪。

不过，要是问现在那些还住在老建筑里的人，问那些向往改变生活现状的年轻人（住在这里面的多为贫民，不是因为怀念住这儿，而是拿不出钱来把自己买进高档社区），答案就不一样了。

岂止不一样。简直就是判若云泥！

他们的现状是：

几家人挤在烟熏火燎的共用厨房里；

没有卫生间，内急只能边解皮带边向拥挤的公厕飞奔；

一家人说话全楼都可以听到……

要问他们，他们做梦都想住进独门独户的住宅小区和单元楼！

可是，买不起啊，攒在手里的钱还差得远啊。

在一篇写西北的散文中，我针对文化人的态度，说过这样一段话：

他们只关心审美意义上的西北。如果永不开发，它永远都可以保持这样一种落后、贫弱的形象，以供人游览和赏玩。

这就是差异。这就是隔膜。

几乎可以肯定，去发达国家定居了的人，断然不会去住那些简陋的老宅了。

同样，电视上那些高谈阔论的名人们，也不会从装修气派、家电设备一应俱全的高档小区，搬回到简陋的老宅中去。

他们只是要这样一些的老宅，供他们怀旧。

叶圣陶在20世纪初写过一篇讽刺小说，说一个文化人看见农民种地，站在一边，不停地赞美道，这是多么悠闲幸福的田园生活啊！

这种没心没肺的饱汉不知饿汉饥的情感抒发，除了让人哭笑不得之外，还能说什么呢?

事情就是这样的让人麻头。

廉价的浪漫抒情总只具备观赏性而缺乏生活的可操作性。

可怕的是，浪漫一番之后，接踵而来的紧随其后的，必定是愤怒的声讨或严厉的谴责。

笔者曾去美国，看到从华盛顿到纽约的高速路，竟然宽阔得有十二股道（长达五六个小时的车程均如此），同行的几位都震撼了。

有人说看看人家，我们城市新建的通往宜昌的高速，就两股道，一辆车出事，全他妈的堵了!

拿发达国家说事，这样的抱怨和指责，经常可以听到。

事实是，即使我们经济承受力没问题（高速路一公里造价以

这样逼仄的楼梯，有身份的人，当然不会到这里来住。

千万元计），我们的土地也无法负载。

带庭园的小别墅，是美国普通人家居住的一般形态，在那里，从任何一个角落取景照相，都如同置身于花园。

不能忘了，美国的土地与中国一般大，中国的人口减去十亿，剩下的零头比美国还要多！

20世纪80年代末夏衍老先生，曾列举中国包括法治、教育、人口过剩等几大难题时说，其他问题可望在一段时间内缓解，唯有人口问题，至少需要上百年（大意）。

老先生这句话真是了不起。真正称得上是高瞻远瞩。就凭这

和乡村一样，这个老宅的水管还在露天。

句话，老先生足以彪炳史册！

笔者看来，中国的历史太过悠久。成片的民居老建筑多为一二层楼，面对成倍膨胀的人口早已不堪重负，全盘保留实在没有必要。

真正要保留，就应该是有选择地原汁原味地留下极小部分。

如果不是原汁原味地保留，就没什么意义了。

什么叫原汁原味地保留？

那就是：不要挖墙打洞在里面重建厨卫，不要铺设天然气管道，不要在建筑上挂着闪着金属光芒的空调机，不要搞豪华装修再换上圣象地板。

——就要过那种坐马桶、摇巴扇、烧煤炭的日子。不要忘了，现有的那些住在老宅的许多住户们，很多过的就是这种日子哩。

3

可是这样一来，谁又愿意入住呢？

我有一个建议：作为城市遗存保留下来的民居，可广泛征求意见，愿意入住者给补贴，或者以轮换居住的方式实行之。以确保这样的老建筑千秋万代地、原汁原味地保留下去。

不然，哪位名人说要保留民居，就请率先住进去，供游客参观，为百姓示范。

同时，请那些在聚光灯下、在公开场所痛心疾首地表演着、怀念着、指责着的名人们首先闭嘴。

（本文图片由胡伟鸣先生摄影）

曾卓

用一种方式来文量阅读

●从局座的高位上撤职，然后身陷囹圄、保外就医、下放劳动——他依凭什么活下来呢……

● 篇首附识

之前，知道他是胡风反党集团的成员之一。22年的冤屈凌辱，能正常活到平反这一天的人，只是一部分。其间，如卓尔不群的思想者张中晓，早就贫病而亡；如才华彪炳的路翎，在平反前就疯掉了。——曾卓于1955年从局座的高位上撤职，然后身陷囹圄，然后保外就医，然后下放劳动……没死没疯，能到七老八十，多半得益于他的热情开朗。——他用复述的方式品评小说，同时，特别注重理想光芒在作品中的分量。他用一把尺子丈量阅读，显得不够细致入微，因而也不够令人叹服。

1

初见曾卓，觉得他好苍老。

头发白了不说，脸上有几道深长如沟壑般的皱纹。更不堪的，张嘴是半口的缺牙，抿嘴是一道微凹的瘪线，线两边是两道从鼻翼拉向下巴的长纹。

以为他至少七十好几，实际上他那时只刚过六十。

那好像是1982年。

之前，知道他是胡风反党集团的成员之一。

那是由最高领袖毛泽东主席钦定的反革命案，有人称为1949年中华人民共和国成立后的第一起文字狱。

据说定案的78人虽被称为集团，可他们很多人还互不相识，反革命分子的罪名把他们连在一起。

撤职，批斗，下放，劳改，坐牢，是他们曾经的命运缩写。直到1978年年底平反，长达22年。许多的辛酸血泪，难以尽说。

22年，能正常活到平反这一天的人，只是一部分。其间，如卓尔不群的思想者张中晓，早就贫病而亡；如才华彪炳的路翎，在平反前就疯掉了。

曾卓于1955年从局座的高位上撤职，然后身陷囹圄，然后保外就医，然后下放劳动……嗨，这种人活下来就不易了，谈什么苍老不苍老！

曾卓复出后，以一首诗而震动了文坛。在全国文代会上，女

曾卓参加抗美援朝的照片。意气风发的他，当然没想到，回国后不久，就成了“反革命”了。

诗人柯岩当众朗诵了他的诗作《悬崖边的树》：

不知道是什么奇异的风
将一棵树吹到了那边
——平原的尽头
临近深谷的悬崖上
它倾听远处森林的喧哗
和深谷中小溪的歌唱
它孤独地站在那里
显得寂寞而又倔强
它的弯曲的身体
留下了风的形状
它似乎即将倾跌进深谷里
却又像是要展翅飞翔……

有许多当代文学史家或教授，都认为这首诗堪称“传世之作”。

柯岩朗诵之后说：“曾卓我不认识，但写这样的诗的人，我不相信他是反革命。”

有必要记住这首诗的写作时间：1970年。

戴罪之身的曾卓，其时正在困顿和贫病的煎熬中不能自拔，他居然没有流露出应有的沉沦与哀伤。在毫无平反希望的日子里，他仍然向往“展翅飞翔”。

这首诗的格调，可以看做曾卓的夫子自道。

在1980年代后，许多与曾卓有过交谈的文友，都有这样的印象：初见曾卓，是个苍凉的老头；交谈中发现，是个开朗的中年；谈话深入之后会感到，是个热烈浪漫的青年。

曾卓没死没疯，能到七老八十，多半得益于他的热烈开朗。

但凡中国文人（或有文化的人），遭遇磨难的关头，他们在人生的十字路口，必然会遇到一个笑眯眯的引路人——庄子。

达则兼济天下，穷则独善其身。命运一旦坎坷，中国人有一个最为便捷的逃路，也是最为自得其乐的救赎之路，投靠庄子，过一种超然世外的逍遥日子。物我两忘，天人合一，沉迷于难得糊涂，淡定于逆来顺受，自炫于无为不争。

多好。

曾卓却不是。写诗作文如此，做人如此。

2

1980年复出以后，曾卓是一个社会活动的热情参与者。

各种讲座，曾卓都是比较好请的名人。经常是，居委会的邀请，也是有时间必到。

这期间，他的最高成绩，好像不再是诗，而是一些关于外国作品的赏析随笔。

实话，他的诗不讲技巧，用语平实。

当有美好的意境构想时，二者相得益彰，平实句子成了无技巧的技巧，诗作好得美不胜收；当缺少一个美好的意境构想时，诗就显得平谈无味。

他的许多诗，把断行换成标点，就是散文随笔（如：“问我怀念家乡不／说起童年时下雪的日子／我们在雪地上／扑雪人打

《听笛人手记》是曾卓写得最好的散文集，质量最为齐整。

雪仗……”“我们鼓掌欢迎／欢迎来自远方的友人／呵，不，你们来得并不遥远／我们同你们隔海相望／共看大海上升起的明月／共听大海上卷起的涛声／我们鼓掌欢迎／欢迎来自远方的友人／呵，不，你们来得并不遥远／友谊的长虹／和平的长虹／横跨大海，沟通着我们的心灵……”等等）。

况且，人到老年也不宜写诗了。

曾卓的散文随笔，和他的诗，有着同样的格调。

也许不是专业做理论的，曾卓的评论和赏析随笔，写法上有些别具一格。

个人以为，衡量一篇作品评论和赏析文章是否好，很简单。读毕之后，如果立即产生了去找原作来读的欲望，即使过去已经读过原作，仍然无法克制地要再去重读一遍，因为那评论，给了你过去忽略了或未曾意识到的一些东西。——那么，这篇作品评论，一定是相当出类拔萃的。

曾卓这类随笔，却当得起这样的美誉。（这些随笔大多揭载于上海的《文汇月刊》，此刊20世纪80年代曾风行一时，在1989年之后，从此消失）。

他自谦这些都是“读后感”。实际上，这类随笔，都浸润着诗的情怀和理想的光辉。

我不知道，小说评论或赏析，是否应有文章作法一类的固定程序与模式，但我想，一篇小说评论或赏析，是无论如何也不能写成一篇故事酌概或情节介绍的。

一般地说，你的复述总是比原作逊色，而且原作越是名篇则你会越加逊色。然而，曾卓的评论与赏析，却似乎在通篇地复述原作的情节。

全书的每篇文章，他都只用这一种方式，传递他的读后感受。

曾卓不是职业评论家，他没有那么多的顾虑，他使用的是一般评论家所忌讳的办法：复述情节。说得更准确一点，是用自己特有的柔婉清丽的抒情笔调，来复述情节。

当然，他不是简单地复述，或者把译著缩编一下，不是，他将对原作的理解、概括和感悟，水乳交融般地渗透在复述当中。

这样，他就不仅仅是“述”，而是“以述代作”了。

曾卓在随笔集的后记中说了实话：

我不仅要表达出那主要情节，而且想传达气氛和情调……总之我试图不要写得那么干燥和枯涩，不要败坏了读者对原作的印象。

他比较成功地做到了这一点。——这是需要作家与评论家的双重才能的。

自然，曾卓是一位诗人，他的气质、个性、眼光以及审美情趣，都不可避免有着诗的烙印——如果可以避免，那倒是诗人的不幸。

因此，那些使他激动、引起他深思并动笔来写的作品，绝大多数都是情节淡化、流溢着浓郁的诗的情调的小说。

由于眼光独具，又多是他自己感兴趣的作品，所以他的所选，不是一些外国小说选本常见的、被人们谈论得很多的篇什。如巴基的中篇小说《秋天里的春天》、纳吉宾的短篇小说《胜利者》、还有如《海的沉默》、《象棋的故事》、《老人·少女·太阳》……我敢说，他所谈论的小说，很少有人无一遗漏地全部读过。因此，对许多未读过原作的读者来说，他的这种复述情节式的评论或赏析方法，更显得必要也更增强了文章的可读性。

他剖析作品，更多地偏重于感悟原作的意蕴。

如他对柯罗连科的中篇小说《盲音乐家》的复述。谈到那位

曾卓在大海边的照片，他有诗《大海的老水手》，这是他喜欢的意境。

华贵少妇熟练的钢琴弹奏，相反被一位粗鲁的马夫，用一支粗俗的手制木笛击败了时，他告诉我们：

因为马夫的笛声中，有着特别真挚的感情与纯洁的诗意——这是比任何高度的技巧都重要得多、也感人得多的一个美学奥秘。

而这一点揭示，对我们今天的创作现状，对于影视明星们的表演，对于歌手们的演唱，对于乐器的演奏，对于所有文艺工作者的艺术素养，仍然有着不可低估的作用。尽管曾卓的这篇文章写于1974年（后来结集出版时命名《听笛人手记》也由此而来）。

3

我注意到，他谈论作品，在论及成就高下时，特别注重理想光芒在作品中的分量。

好多篇文章的结尾，在论及作家的思想状况时，曾卓往往使用了同一把尺子，看其是否具有向上的召唤或理想的色彩。

这时候，他的观察和分析，似乎不如复述作品时那么细致入微，那么深切，那么客观，因而也那么令人叹服。

他曾说：

一件作品是否打动人，不仅在于你说了些什么，更要看你是在一种怎样的精神状态下写作的。

没错，他看重的，总是比较积极向上的精神状态。

只有了解曾卓的过去，了解他的性情和为人，了解在九死一生中仍然信守和向往“展翅飞翔”，才能理解他为什么总是固执、单调地握着一把尺子来丈量阅读。

刘富道
可以说道的过去与以后

●他的过去也曾大红大紫，人们对他的以后寄予厚望，他自己定下的是传世目标……

● 篇首附识

这是为《北京文学》"新时期走红作家今何在"专栏写的一篇文章。今天的文艺青年知道的湖北名作家中，大约没有刘富道了，更不知道他曾是"走红作家"。当年，他是湖北小说界最炙手可热的人物。——要认识刘富道小说的幽默，真的需要把幽默的词义找出来再温习一遍。当下全国几位有些幽默文名的作家，有的是油滑，有的是嬉皮，有的则是讽刺。而刘的幽默，正是那种温和的、淡淡的、有几分喜剧气息的真正的幽默。——本文标题强调了过去和以后，却有意放过了现在，那是因为，刘富道现在的名字没有过去响亮了，同时还因为，他带有复出意味的今后，很可能会是在经历了一个必然低谷之后的又一个上升。

1

可以预设一个问答——

问：谁是湖北新时期小说第一人？

答：刘富道。

新时期的文学与文坛虽然风云际会，但也不过二十多年的历史，它的源头还不致于混乱得无法清理。

1978年，全国优秀短篇小说奖评出。这是首届，不仅是新时期的首届，同时也是自有中国白话小说史以来的首届（当时只有短篇小说奖，全国文学期刊都是主打短篇小说）。

在全国成千上万篇小说中只评出了30篇。这里面，就有刘富道的《眼镜》。当时健在的茅盾先生，出席了在人民大会堂隆重召开的颁奖大会还作了讲话。

整个湖北省，只有他一人获此殊荣。

当时的中国真是一个空前的文学时代，同时也是一个自发的文学大比拼的时代。

几乎所有的年轻人都是文学青年。全中国不知有多少人在写小说。当时投稿的邮寄方式，也极大地助长与支持了文学青年们的写作热情，——无论多么厚重的稿件只要在信封写上“邮资总付”四个字，就等同于贴上了足够的邮票，可以四通八达畅行无阻。

当时，全国所有的文学刊物每天的来稿，都要用麻袋装。像《人民文学》这样被戏称为国刊的编辑部，据说一天的来稿有几个麻袋。

一篇好的短篇小说，马上可以轰动全国。人们在路上、在车上、在各种场合交谈得比较多的，不是昨晚看了什么电视剧，不是昨天上网发了什么帖子，而是又读到了什么好的短篇小说！

刘富道就是在这样的背景下，鹤立鸡群一般成为湖北小说的翘楚。

紧接着的1979年全国小说评奖，湖北空缺；再接着1980年，第三届，刘富道的《南湖月》再度获奖。

自许惟楚有才的湖北，在整个头三届的全国小说评奖中，就眼睁睁地看着他一人得奖。

在新时期文学的肇始，在那样一个文学沸腾与高涨的时代，他稳稳当当地走在湖北创作界的前头。这是过去的刘富道。

2

刘富道的创作势头，在连获两次全国大奖后，渐趋于沉寂。

许多人不解。笔者揣摸，大致有三个原因。

不妨一一道来。

一是，刘富道小说的价值并没有被人们全面地认识，同时也似乎一度被他自己忽略。

刘富道给人的印象是笑眯眯的，有几分敦厚，不像是才高八

刘富道的第一本小说集《南湖月》。小32的开本，薄薄190多页，13篇小说加一序一后记共15篇文章，几乎收录了他当红时的全部小说作品。值得一提的是，当时全省也没几人出过小说选集。

斗的样子。只有接近了，才知他是一个不露声色的聪明人。聪明人的一个共同特征就是：不太安分守己。

1980年夏季，在湖北小说界如日中天的刘富道，在武汉市的一个小型创作会上作了一个关于小说的报告。

当时他刚从北京的中国作协文讲所（鲁迅文学院前身）学习归来，在那个令人意外的报告中，他全盘或半盘地否定了自己的小说创作。他反复提到要打倒巴尔扎克（当时的巴尔扎克已成为写作技法传统与保守的代码），同时他宣告，只有现代派写作，才有着光明和不可限量的前景。

他的发言，让许多无奈地看着他一人连获全国大奖的作家们吃了一惊。

当时不过40岁的刘富道，显然有些血气方刚。

他似乎已经开始小说新写法的尝试。

可是，改弦易辙甚至没有保住他已有的声望。除1981年一篇《直线加方块的韵律》，获得《中国青年》杂志举办的“五四青年文学奖”还差强人意外，他的小说，再没有获得全国大奖了。

当然得奖不应是衡量小说的唯一尺度。但一个不争的事实是，他的小说仍在发表，但在圈内圈外的影响总体上不及过去了（据知他的《眼镜》与《南湖月》的得奖票数都是相当高的，尤其是后者）。

笔者一直觉得，若论以小说传达武汉的地域特色与小说的幽默性，至今还无人超越他，可是他并没有两者兼备地沿着这条路走下去。

二是，作为专业作家，他写得非常之少，少到令人难以置信。

到1986年之前，他每年的产量就是两三个短篇小说的面世（仅仅只在1984年发过一个中篇）。如此而已。

他似乎全然没有张爱玲出名趁早，也没有作家趁着出名赶紧写的机巧。他的沉寂几乎是无可挽回了。

三是，上世纪80年代中叶，他就到省作协当了领导。

1980年他进入新时期中国作协举办的首届文讲所学习。那一届学员差不多全是当时的获奖作家，后来也差不多全成为跨世纪的各省作协的领导要员。

刘富道也没有能幸免于难。

他在一篇《本无意做官》的回忆文章中说，他永远记得这一天：

1986年元月2日办完了离开部队的最后一道手续，一张支票结束了24年的军旅生活。他转业到了省作协，职务是党组副书记。

失去了专业写作的条件，本来产量就不高的刘富道，彻底地淡出了小说创作的江湖。

3

这一次转业带有某种被迫的意味。

全国大裁军，他所在的武汉军区并入广州军区。

偏偏他与家人都不喜欢在经济浪潮中已是炙手可热的广州，而对武汉这样一个在外省名声欠佳的城市情有独钟。

在写这篇文章时，我想，如果没有那一次不可逆转的调整，

刘富道退休前的照片。

刘富道在1986年至今的专业写作中，应该会有一番作为。

可是，历史老人似乎比较讨厌假设，他老人家一经拍板，就从来没有回头再来的先例。

与转业时一样，又是一张纸，使刘富道在省作协党组副书记的位置上坐了整整14年。

会做加法的读者，可以很快做出这个严酷的算式：部队24年+作协14年+入伍时的年龄=多大年龄？

这个问号的空缺，并不是我有意留着，而是我从未问过刘富道的生辰年月。

中国人好像没有年龄隐私的概念。我们每一张表格上，开头就必须坦白交代出生年月，任何地方的招人聘人，年龄几乎成了第一条件。

这仿佛是中国的传统。

可是，在年轻的美利坚，白发老人完全可以和青春少年同台竞聘，任意地打探年龄，已构成对隐私权的冒犯，——如同不经允许闯入他人私宅一样可恶。那里用人的唯一指标是能力，智能和体能，能否胜任，是最关键的要求。

我们常常把一个人的价值全维系在年龄上，以致闹出一些让人啼笑皆非的59岁现象、29岁现象，以及一些令人心寒齿冷的世态炎凉。

至于上面这个问号，无论怎么填，读者大约可以知道，这时的刘富道，已临近国家限定的退休年龄了。

4

现在好了，浓缩他人生经历的由组织部门签发的那两张纸，都已经随风飘逝。

21世纪的刘富道，从省作协机关自动地消失了。

他在离开领导职务的第二天，就坐公共汽车到了省图书馆。

有一套关于中华名街的系列丛书，出版社邀请他来写名震遐迩的中国第一街——武汉汉正街。

汉正街是一条可以同时代表老汉口与新汉口商业兴衰起伏的古老长街，他做了很长时间的资料准备工作。

在谈到这本著作的写作时他说，他写的这部汉正街将会是一部传世之作。

他重新回到写作的怀抱，其实这是许多作家朋友期待于他的。

在他为官的14年中，他主持过作协的全面工作，也分管过人事、纪检、长江丛刊、省文学院等等。

为人随和，做事认真，良心未泯，除了有点不为五斗米折腰的文人迂腐外，官场上的应酬他都还拿得下来。

他每天在机关坐班，尤其致力于为不知名的文学青年做好事。当然，所有这些事都没有在上面署上刘富道的大名，以致这期间湖北有好几位作家写文章，都认为他应该去写小说，而且觉得他要是写，一定还是身手不凡。

人们没有忘记，那两篇得奖作品，都是好生了得的独具武汉风味的文学。

刘富道的汉味，不是以方言来取悦于人，相反，他几乎不用方言。这是他与后来的所谓“汉味小说”大相径庭的地方，同时也是他聪明过人的地方。

他的汉味写的是民俗。

写一个地域，只录方音而不涉及民俗，终不免皮相。

20世纪的80年代末至90年代初，湖北文坛关于汉味文学的讨论甚嚣尘上，后来也有不少汉味文学的尝试，论对当代武汉的民俗民风的开掘，那些人并不比当年的刘富道高明多少。

至于要认识刘富道小说的幽默，真的需要把幽默的词义找出来再温习一遍。

当下全国几位有些幽默文名的作家，有的是油滑，有的是嬉皮，有的则是讽刺。而刘的幽默，正是那种温和的、淡淡的、有几分喜剧气息的真正的幽默。

也许他不如那几位深刻，但，要弄清楚什么叫幽默，不妨读读刘富道。

刘曾在一篇早期很有影响的创作谈中说，他并不追求深刻，他看重的是情趣，没有一个有趣的悬念，再好的构思也下不了笔。他的不深刻，大约也可以看成是被今日文坛淡忘或忽略的原因吧（——时代的趣味似乎发生了变化，淡淡的笑早就不能满足人们的观赏需求，现在需要的是搞笑，搞笑还不行，还要恶搞，还要爆笑，才行。像地摊上的饮食，什么菜都上的麻辣猛料，吃习惯了，到星级餐馆，吃什么都会觉着寡淡无味）。

只要汉味与幽默再度复活，他的写作立马就让人刮目相看。

1990年他应省公安厅之约写一个先进民警。这种东西在多少作家笔下都是应景之作而已，而他的这一篇不仅作为公安部门的先进材料印行，同时还荣膺两年一度的全国优秀报告文学奖（此作发表在1991年《中国作家》上）。

刘富道的心血之作《天下第一街——武汉汉正街》初版的封面。

读这一篇作品，我感到他又回到当年《南湖月》的写作轨道。华师有位博士撰文称这篇东西为“汉味报告文学”，对文中透露的汉味风情与幽默情趣推崇备至。

有必要回到本文的标题。

这个标题强调了过去和以后，却有意放过了现在。

这是因为一个人不可能永远站在翘楚的位置上，也因为刘富道现在的名字好像没有过去响亮了，同时还因为他带有复出意味的今后，很可能会是人生曲线在经历了一个必然低谷之后的又一个上升。

又有谁能说清以后呢？

补记：

这篇文章写后不久，刘富道的《天下第一街——武汉汉正街》出版印行了（2001年底）。

它传世了吗？

回答这个问题，必须要看传世的标准如何拟定。

若以时间论，至少需要上百年的阅读才能明辨，还没有。

若以当下是否轰动论，还没有。

若以获全国大奖论，还没有。

若以阅读数量论，几年内，此书再版过一次。印数总体不高。

若以收藏论，可以一说的是，有好几位记者跟我说，他们到汉正街管理办公室采访，谈及汉正街的历史现状，办公室接待人员都拿出收藏的这本著作，向记者作介绍。

但，这是刘富道追寻和认可的传世吗？

也许，还没到终极审判的时刻。

他并没有停下来。他仍在写……

重写名言

关于爱情的另类辞典

●中外名人不知写了多少爱情名言，令人满意的不多，重写是一次逆反或戏谑……

● 篇首附识

关于爱情的名言，中外名人不知说了多少，令人满意的并不多。我的重写，无意于PK，只是提供一种个人化的解释。——所撰词条共78个，从“初恋”起，到“再见”止。——写作之时，定了标准，坚决不翻任何词典，不看任何名人的爱情名言格言，只是从现实接触到的、或想到的，与爱情相关的词，一一写下。

初恋：

一次失败远远多于成功的爱情预演。有趣的是，即使事隔多年，人们总是喜欢在追忆中不顾一切地为之涂上一层值得回味的浪漫情调。

情书：

很多不便启齿的、同时又是有待验证的滚烫的真话或废话。

单相思：

在作家艺术家的创作中备受赞美，在市民的口中却备遭嘲笑。

女友：

单身或未婚男人忙着讨好的对象。

男友：

有时候是护身、有时候是劳力、有时候是偶像、有时候是陪伴。

三陪女：

一种很难确定边界因而有些暧昧的职业，她们是女性特征最鲜明的一群人，然而几乎所有的男子在选择配偶时都不会首先想到她们。

求爱，当然不分时间与地点，只要机会到了就行。

爱情：

人们最容易犯的错误，就是随着年龄的一天天增长，早先的神圣或罗曼蒂克也一点点丧失，直至全盘世俗化，把爱情变得像柴米油盐一样琐碎而实际，这个过程就和一个梦幻般的少女最终变成一个当街撒泼的大娘一样让人难以忍受。

婚约：

一种在现代社会越来不能按时兑现的承诺。

征婚：

省略过程、直奔主题的务实派求爱方式。

新娘：

少女梦想的一次性消费。

新郎：

既幸福又忙碌、既兴奋又疲惫、既温文尔雅又手忙脚乱、既应酬不迭又茫然无措地面对各种善意的刁难仍不得不面带微笑的人。

婚礼：

一次无论场面的大小、也无论观众的多少，主角永远只有两个人的演出。

吹了：

曾经有过的自以为坚不可摧的爱情，突然变得比飘浮的烛光还要弱不禁风，只两个字，就轻松地表达了分手后的决绝和决绝后的不屑一顾。

红娘：

戏曲名著《西厢记》的最大贡献莫过于创造了这个永远畅销的词汇和角色，在中国，知道红娘和需要红娘的人，不知比知道和需要《西厢记》的人要多多少倍。

我爱你：

恋人间百听不厌也百说不厌的陈述，即使是雄辩家，此时也会明白以少胜多和节制的意义。

妻子：

从小就受到的来自男孩的欺负，可以照单全收地一一偿还。当然，如果天赐良机，甚至可以通过征服一个男人来征服世界，而不必亲自去斩关夺隘。

丈夫：

从此才明白女人也许不像自己过去理解的那样仅仅只有温柔和羞涩，她们的琐细和顽强，她们以家庭为背景展开的持久战，比之男人为权力和政治之争所付出的心计和坚韧，在智力上具有同等的分量。

家务：

很多人不明白，这其实是检验爱情深度的一个标尺，真正的深爱，才会由衷地萌生体贴的自觉，才可以彼此心疼，才能从共担中充分体味一种难得的趣味和闲适。

接吻：

语言被中止了的时候，它喋喋不休的本质才暴露无遗，人回复到自然状态之中，身心方感受到一种前所未有的愉悦和放松。

接吻，多是一方急切，一方内敛。

再婚：

一种跌倒后再爬起来继续操练的爱情运动。

缘分：

对各种幸运或不幸婚姻表示认命的最简便的解释。

约会：

用预支的时间来检验忠诚。这种时候，恋人们内心汹涌着的向往和激情会驱散日常性格中的胆怯部分，使他们总是不计后果地选择某些缺少人烟的地点来践约。

夫妻：

两个没血缘关系的人缔结了家庭。使他们的外形固定下来的凭证是法律，而使他们持久地相拥相伴的理由却只能是爱情。

知音：

一个古老的非爱情故事，常常被某些喜欢渲染志趣相投的恋人们用来掩盖他们建立在两性关系上的难舍难分。

妲己和纣王：

由男权社会精心炮制的关于女人是祸水的经典版本。

性：

羞于启齿的人们，衣冠楚楚地掸掉身上的灰尘说，你看，我们什么也没有做，真的。

弗洛伊德：

用一双解析梦境的医生之手，惊世骇俗地直指人的脐下三寸，竟然在20世纪初以性为基点，颠覆并且改写了人类关于精神和心理的历史。

柏拉图式恋爱：

学院派爱情专家坐而论道或近似于纸上谈兵的精神游戏。

只要两情相悦，坚硬的地面也是柔软的沙发。

三角恋：

有了这个连环套一样的曲折过程，到手的东西也许会加倍增值。

海誓山盟：

在所谓的后现代社会中，不仅不合时宜，而且每况愈下地受到年轻一代嘲弄的爱情技巧。

大众情人：

同时与无数个单相思者在梦中相会或者调情，而且无须承担道德的责难和围攻。

77岁的男人娶了34岁女子，老夫少妻，背后总是会有人指指点点，久之，他们给人看到的也就只有背影了。

金钱：

在爱情的征程中，一面受到唾沫横飞的嘲弄一面又充任着马到成功的催化剂角色。

比基尼：

人在文明社会试图向本真或自然回归的一次力不从心的尝试。

早恋：

在好奇心的怂恿和支持下，莽撞地冲出生理栅栏的一次爱情透支或冒险。

热恋：

听任情感的野马在思想的疆域内肆意践踏。

童婚：

由畸形的民俗和愚昧的性意识一手导演，冠冕堂皇地实施对未成年人的自虐或自戕。

罗曼蒂克：

爱情餐桌上一席色香味俱全的盛宴。

太太：

抹去了女人的年龄差异，同时也遏止了所有的非分之想。

先生：

作为丈夫的时髦指代，差不多包涵了古今中外对丈夫的两大基本要求：先妻子而生——男大女小；知识水平比妻子略高一筹——男高女低。

拍拖：

本是港台或沿海特区的恋爱专用语，随着时髦商品以及肥皂影视剧迅速北上，进而席卷了内地，在高速运转的商业主义时代，只用两个单音动词，就传达了实惠的现代人对恋爱过程的无奈和厌倦。

苦恋：

再没有一件事像这样把苦和甜结合得天衣无缝。

情人：

在所有的社会关系中，这应该是最没有实利的一种。

第三者：

所有信守爱情的丛林规则的人，都不会接受这个让他们感到不快的称谓，他们会以最快的近于迅雷不及掩耳的速度，悄无声息地与两人世界中的某一位进行角色置换。

婚检：

以医学的名义为爱情发放通行护照。

老婆：

西方人也许总不能明白，很多时候，中国人为什么要用一种轻视的口吻来表达他们语言中应该是昵称的部分。

老公：

与把妻子称作老婆出于同等的考虑，但是对丈夫来说，这个称谓似乎提醒他们应该具有必备的成熟与对女人必要的呵护。

生死恋：

像昙花或樱花一样的短暂而美艳，这是爱情中的极致，一般人其实是不配拥有或享有这样的爱情的。

鸳鸯鸟：

智慧而狡黠的人类，把自己的情感强加给一种飞禽，然后又以此为旗号来鼓动或难为人类。

同居：

只管尽兴地品尝滋味而不必劳神费力地去考虑谁来买单。

琼瑶：

为少男少女批量地制造爱情入门读物的一代大师。

婚宴：

冠冕堂皇地向所有的亲友集资或敛财的绝好时机。

试婚：

怀疑一切论者自以为可以两全其美的婚姻方式。

重婚：

想两次踏入同一条河流而终于未能创造奇迹的非法偷渡。

性骚扰：

试图以一厢情愿的身体亲近来取代漫无边际的情感过程。

中年男人：

这是一个危险的年龄，某种机不可失的焦虑，驱使着他们错误地把异想天开的目光投向比较年轻或比自己年轻的女人，不过他们大多数人的结局除了浑身伤痕之外，几乎一无所获。

中年女人：

曾经引以为自豪的富于弹性的青春和娇嫩的容颜，仿佛一夜之间丧失殆尽，岁月流逝不再的伤感，迫使她们比以往任何时候都更加热烈地追逐衣饰的鲜艳和面部的美容。

嫉妒：

一切极端情感和行为的出发点。

结婚，从什么时候开始，变成了一件力气活？

爱人：

滥觞于20世纪初叶的新词汇，最初面世时通体都闪烁着新意和温情，但这种鲜艳的属性在此后漫长的时代和政治的风云际会中一步步剥落，到了世纪之末的八九十年代，终因过于中性化而受到了冷遇。

家庭：

和婚姻法合谋，共同酿造一夫一妻制的温床。

出国：

使原本倾斜的情缘和定婚不再倾斜的最佳诱饵。

牵手是手，分手也是手。

复婚：

面对这样的故事，我们只能感叹这个世上的好男人或好女人都太少太少。

黄昏恋：

在性问题犹如釜底抽薪一般彻底地退隐之后，仍能一如既往地燃起爱情的烈焰，这不能不说是人类创造的精神奇迹之一种。

三八妇女节：

以节日庆典的方式，公开证明了大多数女人的弱者身份。

女权主义：

比较费解的是，志愿集结在这面旗帜下的女人，并不比为其呐喊奔跑的人更多。

同性恋：

在人类性关系史上，以现身说法的方式来改变供需矛盾和对象的叛逆者。

艾滋病：

上帝对人类泛性论者的一种恶作剧似的提醒和惩罚。

情诗：

荷尔蒙在不能抵达目标时而发明的一种自娱自乐式的纸上狂欢。

母夜叉：

女人试图打破由男人一统天下的凶猛形象而遭到的命名上的无情打击。

离婚：

在演出正在进行时就中途退场的观众。

老夫少妻：

试图用年龄的悬殊来创造永久性呵护的温情伴侣形象。

少夫老妻：

让男人在与母爱分离之后，仍然不失时机地体会到受宠滋味。

白头偕老：

人们在赞美这种婚姻现状时，似乎忘记了长寿并不能表示爱情的质量。

床：

用来回收一切由灵与肉所萌生的无法控制的激情。

包二奶：

在明白拥有青春美貌并等于就拥有身心享受的时候，与其眼看着这一切白白流逝而去，不妨抢先投靠及时行乐的生活哲学。

结婚：

大多数人一生只有一次，他们在未来某一时刻的回望中，在为这仅有的一次感到侥幸或欣慰的同时，偶尔也会冒出一丝莫名的遗憾。

骗婚：

在各显其能的爱情制胜技巧的园地中，有如罂粟一样开放着的邪恶之花。

友谊：

所有的自由恋爱者都要经历的一个过程，这个过程有时如迅疾的闪电，有时如漫长的隧道，其间的快慢，完全取决于两人的趣味。

再见：

真正的情侣会有他们心心相印的特定的分手方式，当他们礼貌地说再见时，多半是再不见。

本文图片由胡伟鸣、熊波先生摄影

（说明：本书图片因部分作者无法取得联系，望相关作者见到后与出版社联系，以便支付稿酬）